NOTES

pour servir à l'étude

DE L'

HISTOIRE DE LA MUSIQUE

PAR

GEORGES HUMBERT

Professeur d'histoire de la musique au Conservatoire de Genève et à l'Institut de musique de Lausanne

W. SANDOZ
Editeur à Neuchâtel
PARIS — LIBRAIRIE FISCHBACHER — PARIS
33, Rue de Seine, 33

1904

NOTES

pour servir à l'étude

DE

l'Histoire de la Musique

Karl Storck
Geschichte der Musik
Stuttgart
Muthsche Verlag

Neuchâtel. — Imp. Rossier et Grisel

NOTES

pour servir à l'étude

DE L'

HISTOIRE DE LA MUSIQUE

Ouvrage adopté dans les classes du Conservatoire de musique de Genève
et de
l'Institut de musique de Lausanne

Fascicule I

W. SANDOZ, ÉDITEUR
NEUCHATEL
PARIS — LIBRAIRIE FISCHBACHER
33, [illegible], 33

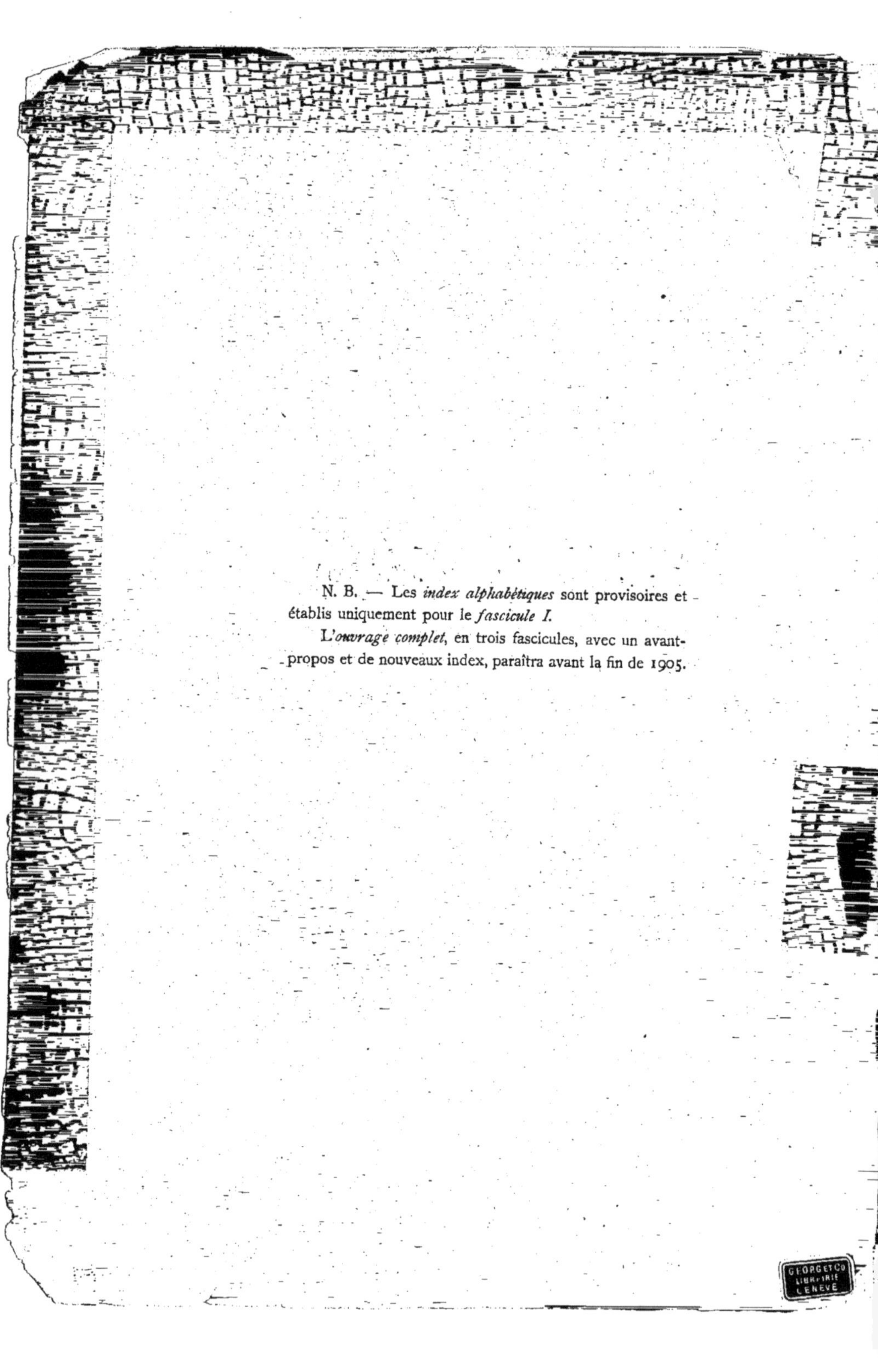

N. B. — Les *index alphabétiques* sont provisoires et établis uniquement pour le *fascicule I*.

L'*ouvrage complet*, en trois fascicules, avec un avant-propos et de nouveaux index, paraîtra avant la fin de 1905.

INTRODUCTION

A L'ÉTUDE DE L'HISTOIRE DE LA MUSIQUE

Herbert Spencer, *The origin and function of music* (*Essays : scientific.....*)

Dr Fr. von Hausegger, *Die Musik als Ausdruck* (Vienne, 2e éd. 1887 ; p. 66 et suiv.).

ORIGINE DE LA MUSIQUE.

L'origine possible ou probable de la musique fait l'objet de discussions qui, pour être anciennes, n'en sont pas moins encore très vives. Les uns la veulent antérieure, les autres postérieure à celle du langage. Ce sont là spéculations théoriques intéressantes, mais qui ne relèvent que fort indirectement de l'histoire. Nous les laisserons de côté, nous bornant à remarquer que l'art musical, étant une manifestation de l'esprit humain, ne saurait être antérieur — ni de beaucoup postérieur — au moment où l'homme se rendit compte des rapports de durée et d'élévation des sons qu'il articulait, pour entrer en communication avec ses semblables. Une chose certaine, c'est que la pratique musicale remonte à la plus haute antiquité; plusieurs milliers d'années avant l'ère chrétienne, l'Egypte, la Chine, l'Inde étaient des foyers de culture musicale, et les bas-reliefs des plus anciens tombeaux égyptiens font défiler sous nos yeux des harpes, des flûtes et divers instruments plus primitifs.

Mais ce qu'il importe de connaître plus encore que l'origine, c'est le principe d'évolution d'un art. Pour la musique, ce principe générateur est d'ordre absolument naturel (physique); nous nous efforcerons, dans les pages qui suivent, de le démontrer aussi brièvement que possible.

* * *

DÉFINITION DE LA MUSIQUE.

La musique est à la fois un art et une science. En tant qu'*art*, elle est la manifestation du beau par le moyen des sons; mais cette manifestation repose sur une *science exacte*, formée par l'ensemble des lois qui régissent la production des sons, en même temps que leurs rapports d'élévation, de durée, d'intensité et de timbre.

Tout le monde est d'accord sur ce point, que le son est l'élément primordial de toute musique. Cependant le son pris isolément, en soi, comme résultat de vibrations plus ou moins nombreuses, identiques à celles qui nous procurent les sensations de lumière et de chaleur, ne peut prétendre à aucune valeur esthétique. L'art ne commence que là où il y a « *rapport* » entre deux ou plusieurs sons, successifs ou simultanés, là où notre intellect entre en jeu par l'interprétation, spontanée ou résultant d'un travail préparatoire, de ces rapports nettement définis. Ces rapports nous sont fournis, implicitement, par le son, dont la composition est de nature fort complexe.

SON MUSICAL.

Rappelons ici que le *son musical* comporte toute une série de sons partiels, supérieurs et inférieurs au son fondamental, et dont l'ensemble est connu sous le nom de *série harmonique* supérieure et inférieure; soit, pour le son *ut*[3] :

Il y a, dans cette simple contexture physique du son musical, un germe d'évolution qui est bien loin d'avoir, à l'heure qu'il est, porté tous ses fruits, et dont nous ne pouvons encore mesurer la puissance réelle.

ECHELLES TONALES.

Si, comme nous le voyons, les rapports d'élévation des sons entre eux sont fournis par le son lui-même, il n'en est pas moins certain que, dès la plus haute antiquité, les musiciens cherchèrent à fixer ces rapports, en établissant un certain nombre d'échelles, formées de valeurs moyennes, et servant de base à l'exercice *artistique* de la musique. Il convient d'insister sur ce qualificatif : artistique.

En effet, la musique populaire des races primitives ne connut, durant des milliers d'années, d'autre forme que celle de la mélodie réduite à son unique principe constant: changement de hauteur des sons, par marche ascendante ou descendante, mais *continue*, non par degrés, comme c'est le cas dans la musique des nations plus développées. Et cette existence prouvée de la mélodie continue, ne vient-elle pas, d'une manière frappante, à l'appui de la négation de l'harmonie, chez les peuples de l'antiquité?

HARMONIE.

On sait que l'harmonie est le résultat de la superposition de deux ou plusieurs mélodies diverses. Or, comment serait-il possible d'établir des rapports de simultanéité entre des mélodies dont le déploiement ne serait point soumis à la fixation préalable d'un certain nombre de degrés toujours identiques à eux-mêmes, et se trouvant, par conséquent, dans des rapports réciproques nettement déterminés.

La possibilité de superposer des mélodies diverses ne peut donc remonter au delà de l'époque à laquelle les théoriciens établirent une *échelle restreinte*, mais suffisamment complète, *de sons moyens*, de degrés. D'autre part, cette possibilité résulte directement d'une connaissance approfondie du son musical.

Ainsi, du son naît la *mélodie* dans ses rapports déterminés, analysés au moyen de la fixation préalable de degrés, — du son encore, l'*harmonie*. Rien n'est plus aisé maintenant que de suivre, à la lumière de ce principe, la ligne de développement merveilleux qui, à travers les tâtonnements innombrables des peuples de l'antiquité (Egyptiens, Chinois, Hindous, Hébreux, Grecs) conduit des premières exclamations de joie, des premiers cris de douleur de l'homme, à la formation d'une gamme à rapports constants.

DURÉE DES SONS.

Quant à la fixation de la *durée relative* des sons, elle n'est issue que du besoin d'individualiser toujours davantage les différentes voix participant à l'ensemble polyphonique. Et la prodigieuse transformation que subit l'art musical, à partir du début du XIIme siècle, grâce à l'adoption d'une notation « proportionnelle » (c'est-à-dire d'une notation dans laquelle les rapports de durée des sons se trouvent exactement déterminés), que peut-elle être, sinon l'exploitation consciente et rigoureuse du principe de la durée des sons ?

Enfin, avant de dépasser le siècle de Palestrina, ce XVIme siècle qui trace une limite naturelle dans l'histoire musicale, nous voyons l'union de ces deux seuls principes — élévation et durée — réaliser toutes les merveilles de l'art polyphonique, depuis ses tout premiers balbutiements, dans les formules d'accompagnement arpégées des Grecs, jusqu'aux grandes écoles vocales de l'Italie septentrionale, en passant par l'organum, le déchant, le faux-bourdon, etc.

Le son musical comporte d'autres facteurs encore que l'élévation et la durée, facteurs dont on ne saurait nier l'importance, et qui sont *l'intensité* (provenant de l'amplitude des vibrations) et le *timbre* (qui a sa source, principalement, dans le nombre et la combinaison des harmoniques accompagnant le son fondamental). Or, c'est à développer et à perfectionner tous les éléments esthétiques de ces deux facteurs que se sont appliqués, sciemment ou non, tous les maîtres du XVIIme siècle au XIXme siècle.

Le timbre d'abord : voyez cette formidable poussée qui, dans la musique instrumentale, de Monteverdi à MM. Vincent d'Indy et Richard Strauss, en passant par Gluck, Haydn, Beethoven, Weber, Mendelssohn, Berlioz, Wagner, tend à l'individualisation toujours plus absolue d'un nombre toujours plus considérable d'instruments divers. TIMBRE.

Mais l'intensité du son, objectera-t-on, sans doute, fut observée de tous temps ; il est évident que, toujours, l'exécution de telle hymne ambrosienne, de telle messe de Palestrina fut nuancée. — C'est fort bien ; toutefois, nous devons remarquer qu'il s'agit en l'espèce d'œuvres vocales dont les degrés d'intensité sonore sont réglés par pur instinct du chanteur. Le développement, l'exploitation du principe même de l'intensité sonore, avec tout ce qu'il comporte d'infinies variétés, de nuances délicates, progres- INTENSITÉ.

sives et régressives, est l'œuvre avant tout du XVIIIme siècle.

Après s'être contenté d'imiter servilement le style vocal, en son aspect extérieur, sans songer nullement à lui emprunter sa spontanéité, le style instrumental s'émancipa. Nous le voyons acquérir, en grande partie sous l'influence de l'orgue et du clavecin, cette mobilité qui est un de ses caractères principaux; mais longtemps après seulement, il s'appropria les effets d'intensité si savamment gradués — *crescendo*, *decrescendo* — de la musique vocale. Burney dit, entre autres, dans ses récits de voyages à travers les provinces du Rhin, au cours du XVIIIme siècle: « Mannheim est la vraie patrie du *crescendo* et du *diminuendo*; c'est là que, pour la première fois, on remarqua que le *piano* (employé autrefois seulement comme écho) et le *forte* ne sont autre chose que des couleurs musicales, susceptibles d'être nuancées, tout comme les couleurs en peinture, etc., etc. ». Ce fut, en effet, à Mannheim que se développa, grâce aux efforts de quelques maîtres de chapelle de mérite (Holzbauer, Stamitz [1719-1761], Chr. Cannabich [1731-1798]), l'exécution instrumentale expressive.

cf. Ch. Burney, *Tagebuch einer musikalischen Reise*.... (vol. II, Hambourg, 1773).

Chacune des qualités essentielles du son musical est donc bien à la base d'une période de l'évolution de notre art, et nous voyons entrer successivement en jeu, après l'élévation et la durée, le timbre et l'intensité du son, comme *principes générateurs* de cette longue évolution.

Ce n'est pas tout, — le perpétuel devenir, l'*in fieri* de l'art ne saurait s'expliquer sans une connaissance de plus en plus certaine, de plus en plus approfondie, de l'essence même du son musical. Simultanément, par l'intuition d'une part, par l'expérience et le raisonnement de l'autre, les compositeurs et les théoriciens ont découvert, de nos jours, une *loi naturelle* (loi découlant encore du principe même de toute musique, le son) que l'on a formulée comme suit: « Un son musical n'a de valeur artistique que comme représentant d'un accord, que comme son générateur ou engendré d'une harmonie naturelle. »

VALEUR HARMONIQUE DU SON MUSICAL.

Cette loi — dont il serait trop long de faire ici la preuve absolue — est adoptée par tous ceux (hélas ! ils ne sont point encore assez nombreux !) qui ne se font pas de l'inertie un dogme intangible. Les déductions que l'on en peut tirer sont fort nombreuses, et il s'en découvrira sans doute encore de nouvelles. Bornons-nous à relever celles qui sont admises déjà, celles dont nous pouvons actuellement observer le mécanisme, dans la pratique journalière de l'art.

Hugo Riemann, *L'harmonie simplifiée* (trad. française de G. Humbert ; Londres, 1900).

HARMONIES NATURELLES.

On sait que, d'après les théoriciens modernes, l'*harmonie naturelle* se compose de trois sons seulement : prime, quinte et tierce, calculées tantôt en montant, à partir du son le plus grave pris comme fondamentale (ce qui donne l'*harmonie majeure*), tantôt en descendant à partir du son le plus aigu pris comme fondamentale (ce qui donne l'*harmonie mineure*). Une fois ceci bien établi, il va de soi qu'un son — autrement dit le représentant d'un accord — ne pourra être que prime, tierce ou quinte et que, par conséquent, les rapports des sons entre eux ne seront autres que des rapports de prime (ou d'octave), de tierce et de quinte. « Trois intervalles, dit le célèbre théoricien leipzicois Maurice Hauptmann, sont directement compréhensibles : I. *l'octave*, II. *la quinte*, III. *la tierce* (majeure) ». Et M. Hugo Riemann ajoute : « Tous les autres intervalles doivent être considérés, musicalement et mathématiquement, comme les produits et les puissances de ces trois intervalles fondamentaux ».

cf. M. Hauptmann, *Die Natur der Harmonik und der Metrik* (1853), p. 21.

ECHELLE FONDAMENTALE.

De l'adoption de la tierce au nombre des rapports naturels (« directement compréhensibles ») résulte l'abandon de l'ancienne *série de quintes* qui, depuis Pythagore, était considérée comme base de l'échelle fondamentale. Celle-ci n'est rien autre qu'un *type de mouvement mélodique* à travers les trois harmonies principales de chaque mode, soit :

ce qui donne

et

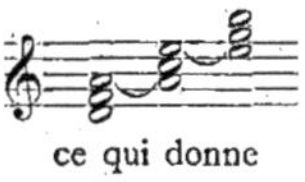

ce qui donne

TONALITÉ LIBRE.

La parenté des sons par tierces implique nécessairement celle des harmonies naturelles que portent ces sons, et voici, n'est-il pas vrai, la clef simple, pratique et exclusivement scientifique du principe de la *tonalité moderne*, de la *tonalité libre,* par opposition à la tonalité enchaînée aux lois de la formation d'une gamme diatonique.

Nous pouvons donc affirmer, une fois de plus, *que le développement continu de l'art musical est le résultat* non pas tant d'une série d'actes de volonté successifs, que *de la puissance évolutive propre aux éléments mêmes de cet art.*

* * *

PLAN GÉNÉRAL DES « NOTES ».

cf. H. Riemann, *Katechismus der Musikgeschichte* (1888; Ire partie, p. 6).

Si, maintenant, nous considérons l'évolution musicale non plus dans ses causes, mais bien dans ses effets, dans ses manifestations extérieures, nous remarquerons que l'histoire de notre art se subdivise en *trois grandes périodes*, et que nous sommes au début d'une *quatrième période* de cette longue évolution. Ces périodes formeront naturellement le cadre de nos « *Notes* ». Toutefois, la continuité de l'évolution musicale est telle qu'il serait impossible de déterminer exactement l'étendue de chaque période. La deuxième période ne commence pas au point précis où s'achève la première, et ainsi de suite; bien au contraire, chaque période plonge des racines profondes dans celle qui la précède, — ce qu'indique clairement la figure suivante :

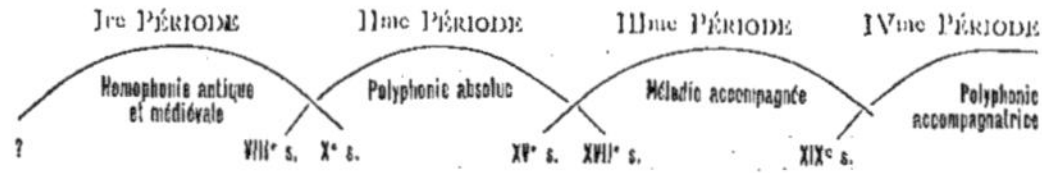

Nous avons donc à parcourir les quatre grands chapitres suivants, qui correspondront chacun à l'une des parties de nos « *Notes* » :

I. Période de l'homophonie [A. *L'homophonie antique*. B. *La monodie médiévale*] (? — Xme siècle).

II. Période de la polyphonie absolue (VIIIme s. — XVIIme s.).

III. Période de la mélodie accompagnée (XVme s. — ?)

IV. Période de la polyphonie accompagnatrice (XIXme s. — ?).

PREMIÈRE PARTIE

PÉRIODE DE L'HOMOPHONIE

(? — Xe siècle).

A. L'HOMOPHONIE ANTIQUE.

? av. J.-C. — 524 apr. J.-C.

La culture musicale de la longue période qui s'étend sur les quatre mille ans environ précédant la naissance du Christ, ne nous est guère connue que par l'intermédiaire des monuments de l'architecture, de la sculpture, ou par celui d'écrits historiques, théoriques et philosophiques. Toutefois, les déductions que nous pouvons tirer de cet ensemble de documents, ou encore de faits postérieurs à cette période, nous permettent de nous faire une image assez exacte de ce que fut la musique chez les différents peuples de l'antiquité.

Nous nous garderons bien de rapporter ici, malgré leur charme poétique souvent exquis, les légendes par lesquelles chacun de ces peuples rattache l'origine de la musique aux divinités mêmes, et crée le rapprochement, universellement reconnu, de l'art musical (à ses débuts) et de la religion. Aucune de ces légendes ne résisterait à l'examen, même le plus superficiel.

Par contre, un certain nombre de caractères généraux, communs aux musiques de l'Egypte, de l'Inde, de la Chine, de la Palestine antiques, s'imposent à l'observateur attentif. Nous constatons chez tous les peuples de l'antiquité :

CARACTÈRES GÉNÉRAUX DES MUSIQUES DE L'ANTIQUITÉ.

1° L'existence d'une musique populaire (intuitive), ne connaissant, durant des milliers d'années, d'autre forme que celle de la mélodie réduite à son unique principe constant : changement de hauteur des sons, par marche ascendante ou descendante, mais *continue*, non par degrés.

2° La tendance à fixer des degrés, sortes de points de repère, à l'intérieur de l'octave, autrement dit à former des *échelles* qui servent de base à l'exercice artistique de la musique. Ces échelles ne comportaient, au début, que **cinq sons** (peut-être *quatre*), puis les intervalles de demi-ton, d'abord évités, furent admis, et l'on eut la **gamme de sept sons,** analogue à notre gamme occidentale actuelle.

3° L'absence totale ou, pour le moins, l'insuffisance d'un système de notation qui assure la conservation des monuments de l'art musical. Font seuls exception : les signes graphiques de la **cheironomie** (art de diriger les chanteurs au moyen des gestes de la main), chez les Hindous (et, plus tard, chez les Arabes, les Arméniens, etc.), et la double notation grecque, d'origine relativement récente.

cf. M. Haug, *Ueber das Wesen und den Werth des wedischen Accents* (Mémoires de l'Académie des sciences, Munich, 1873).

4° L'existence simultanée, mais dans des proportions qui varient, d'instruments à percussion, à vent et à cordes pincées (très rarement à archet).

5° L'ignorance complète de la possibilité de faire résonner simultanément plusieurs mélodies distinctes, et, par conséquent, le règne absolu de la **monodie** et de l'**homophonie.**

Il est vrai que ceci ne suffit point à nous faire connaître la musique de chaque peuple en particulier. Nous allons donc passer brièvement en revue les principaux d'entre eux, en considérant, dans chaque cas, les *instruments de musique*, le *système musical* et les *manifestations pratiques* de l'art musical.

EGYPTE.

3000 à 4000 avant J.-C.

G.-A. Villoteau, *Mémoire sur la musique de l'antique Égypte* (1816 ; dans le vol. VIII de la *Description de l'Egypte).*

Wilkinson, *Manners and customs of the ancient Egyptians* (2e éd., vol. I., p. 487 et suiv.).

cf. Journal asiatique (1890 ; V. Loret, *Les flûtes égyptiennes antiques).*

C. Engel, *The music of the most ancient nations, particu-*

L'histoire de l'Egypte se perd dans la nuit des temps, mais c'est seulement à partir de la IVme dynastie — la plus célèbre de l'Ancien Empire (de trois à quatre mille ans avant J.-C.) — que les monuments offrent de l'intérêt à notre point de vue spécial. Les bas-reliefs dont ces monuments sont ornés nous montrent les types caractéristiques des deux grandes familles d'instruments à cordes pincées de l'antiquité : les **harpes** (cordes nombreuses, ne fournissant *larly of the Assyrians, Egyptians and Hebrews;*..... (Londres, 1864; 2e éd. 1870).

chacune qu'un seul son) et les **luths** (cordes peu nombreuses, mais tendues sur une touche et pouvant, par conséquent, fournir chacune plusieurs sons). Autour d'eux se groupent des instruments divers, en nombre assez considérable. Nous nous bornerons à noter ici les principaux représentants de chaque catégorie :

INSTRUMENTS.

INSTRUMENTS A CORDES (pincées) : harpe **(tebuni)**, luth **(nable)** et, beaucoup plus tard, la lyre, d'origine assyrienne ou sémitique;

INSTRUMENTS A VENT : flûte à bec **(mem** ou **mam)**, flûte double, trompette **(sebi :** instrument en bois, légèrement recourbé près de l'embouchure et se jouant comme un basson, ce qui l'a fait prendre pour une sorte de flûte traversière);

INSTRUMENTS A PERCUSSION : tambour, cymbales, crotales, etc. Le sistre **(kem-kem)** des Egyptiens n'est pas un instrument de musique; il était employé, en manière de clochette, pour marquer les principales subdivisions du culte.

SYSTÈME MUSICAL.

Nous ne savons malheureusement rien, ou presque rien, du système musical des anciens Egyptiens. Les prêtres étaient évidemment les dépositaires de toute science musicale. Peut-être **Pythagore** (VIme s. avant J.-C.), qui fut leur disciple, leur a-t-il emprunté son système de valeurs acoustiques, établies uniquement sur la détermination des rapports d'octave (1 : 2), de quinte (2 : 3) et de quarte (3 : 4)? Quant à l'échelle tonale, elle comportait *sept degrés* qui — si l'on en croit le témoignage de **Diodore de Sicile** (Ier s. avant J.-C.) — avaient reçu les noms des sept planètes.

PRATIQUE MUSICALE.

C'est encore un historien grec qui nous fournit l'unique renseignement certain que nous possédions sur la pratique musicale, dans l'Egypte antique. **Hérodote** (Vme s. avant J.-C.) raconte qu'il entendit chanter, dans le pays des pharaons, une mélodie (*Maneros*) qui passa plus tard en Grèce, où elle est connue sous le titre de « *Plainte de Linus* » (lamentation sur la mort d'un jeune homme enlevé à la fleur de l'âge). Il est vrai que, d'autre part, tout nous permet de supposer que la musique jouait un grand rôle dans les cérémonies religieuses ou profanes, voire même dans la vie quotidienne, sous forme de chant de travail. Or on sait que cette sorte de chant a participé, en une large mesure, à l'élaboration des formules rythmiques de la musique.

P. Amiot, *Mémoires concernant l'histoire..... des Chinois* (1776; particulièrement le vol. VI, contenant la traduction d'un ouvrage théorique de Li-Koang-Ti).

J.-A. van Aalst, *Chinese music* (*Special series No 6* de « *China-Imperial maritime customs II.....* »), Shangaï 1884.

CHINE.

Les Chinois semblent avoir, de tous temps, considéré la musique comme une *science* bien plus que comme un art. Le son — qu'ils distinguent du bruit — est pour eux un objet de spéculations philosophiques; il agit, isolément autant qu'en associations, sur la raison, non sur le sentiment. Les principaux instruments de la Chine antique sont encore en usage de nos jours, ce sont:

INSTRUMENTS.

INSTRUMENTS A CORDES (pincées): **Kin** (lyre très primitive, dont Fo-Hi passe pour être l'inventeur), **Ché** (25 cordes tendues sur une table de bois de plus de deux mètres de longueur);

INSTRUMENTS A VENT: **Siao** (sorte de flûte de Pan), **Yo** (flûte à bec), **Tché** (flûte traversière, avec embouchure latérale au milieu du tube), **Koan** (instrument à anche), **Cheng** ou **Tcheng** (ancêtre de l'harmonium, dont il possède déjà les deux éléments essentiels: magasin à air, jeu d'anches), **Hiouen** (sorte d'ocarina). Les divers modèles de trompettes (droites ou très légèrement recourbées) n'étaient utilisés que pour les signaux militaires.

INSTRUMENTS A PERCUSSION: **King** (probablement le plus ancien instrument chinois; lames de pierre sonores, accordées, suspendues à une sorte de barre fixe et mises en vibration au moyen d'un petit maillet), **Pien-tchoung** (jeu de clochettes), **Yun-lo** (lames de cuivre); grosses caisses et tambours de toutes dimensions (**Hiuen-kou**; **Ya-kou**; **Po-fou**); **Tamtam**; **Tchoung-tou** (sorte d'éventail en bois, employé pour battre la mesure).

SYSTÈME MUSICAL.

Les recherches du P. Amiot, missionnaire jésuite, auteur d'un ouvrage considérable sur la Chine et les Chinois, ont permis de rétablir avec une certitude suffisante l'ancien système musical de ce peuple. On peut fixer à l'an 2637 environ l'époque à laquelle l'empereur **Houang-Ti** fit établir, par son ministre Ling-Loun, les bases de l'art musical. Dès lors, la musique resta sous la surveillance étroite de l'Etat. L'échelle tonale primitive ne comportait que **cinq sons** (peut-être *quatre?* — cf. Riemann, *Katechismus der Musikgeschichte*, I, p. 50), formant une série de quintes : 2637 avant J.-C.

fa — *koung* = l'empereur
ut — *tché* = les affaires de l'Etat
sol — *tchang* = le ministre
ré — *you* = l'univers
la — *kio* = le peuple soumis

ou (avec réduction à l'intérieur d'une même octave) la gamme suivante :

Cette gamme fut transformée plus tard, par le prince **Tsay-You**, en une *gamme diatonique complète*, par l'adjonction de deux quintes à la série primitive :

mi — *tchoung* ou *pien-koung* = le médiateur
si — *ho* ou *pien-tché* = le guide

Enfin, le cercle de quintes fut complété (jusqu'à *la* ♯ = *si* ♭), de manière à former une *échelle chromatique* dont les douze sons (**Lu** = la loi) reçurent chacun une dénomination spéciale, nouvelle. L'échelle diatonique n'en resta pas moins à la base du système musical chinois. Les sept formes sous lesquelles elle se présente, suivant le son choisi comme premier degré, étaient transposées sur chacun des degrés de l'échelle chromatique, et donnaient ainsi naissance à un ensemble de *84 tonalités*. Lorsque nous aurons signalé le fait que les Chinois n'ont jamais eu d'autre notation que la série des signes graphiques correspondant aux dénominations des sons, il ne nous restera plus qu'à relever cette conception étrange qui leur fait considérer comme aigu ce que nous appelons grave, et *vice versa*.

Tandis que nous disposons, au dire du P. Amiot, de PRATIQUE MUSICALE.

soixante-neuf ouvrages théoriques chinois (dont un, de **Li-Koang-Ti,** traduit par Amiot lui-même), nous ne possédons guère de documents sur la pratique musicale de la Chine antique. Tout nous porte à croire qu'elle était loin de correspondre à la complication, à l'ingéniosité même de la théorie. La musique artistique n'offre aucun intérêt; quant aux anciennes mélodies religieuses et aux chansons populaires (basées, pour la plupart, sur l'échelle de cinq sons), elles n'ont de valeur que comme témoins d'une antique culture musicale.

INDE.

Rajah Sourindro Mohun, *Hindu music* (1875).

W. Jones, *The musical modes of the Hindus* (1784; éd. all., par Dalberg, 1802).

cf. *Vierteljahresschrift für M.-W.* 1885, p. 21 et suiv. (Fr. Chrysander, *über die altindische Opfermusik*).

Pour peu que l'on considère attentivement la musique de l'Inde antique, en la comparant à celle des Chinois ou des Egyptiens, on en arrive à se demander si la musique n'est point, en une certaine mesure, une « langue » indo-européenne. Quoi qu'il en soit, l'ancienne musique indoue présente des analogies frappantes avec la musique grecque et avec toute notre musique occidentale.

L'Inde antique connaissait un très grand nombre d'instruments de musique, mais quelques-uns d'entre eux seulement sont réellement nationaux :

INSTRUMENTS A CORDES (pincées) : **Vina** (sorte de luth, tendu de 7 cordes passant sur une série de 19 chevalets qui forment une touche d'un genre très spécial; **Magoudi** (peut-être bien d'origine égyptienne). Le **Ravanastron** (ou **Serinda**), considéré souvent comme le plus ancien instrument à archet, pourrait bien être d'origine arabe, relativement récente !

INSTRUMENTS A VENT : **Basaree** (flûte à bec que l'on jouait par le nez); **Tare** (sorte de trombone, aux sonorités rauques et étranges); etc.

INSTRUMENTS A PERCUSSION, tous d'origine étrangère.

SYSTÈME MUSICAL.

Un millier d'années déjà avant l'ère chrétienne, l'ancienne gamme indoue — de cinq degrés, comme la gamme chinoise — fut remplacée par une **gamme diatonique complète,** correspondant assez exactement à notre gamme de *la majeur :*

sa ri ga ma pa dha ni
= *la si ut♯ ré mi fa♯ sol♯*

Chacun des sons de cette échelle porte le nom de *svara* (c.-à-d. accent), d'où celui de *svara-grama*, pour l'échelle entière des sept sons. Le système musical ne se bornait pas à cela; il comprenait non seulement trois octaves complètes, mais encore de nombreuses transpositions de la gamme type. En outre, les théoriciens divisaient l'octave en 22 fractions égales *(struti)* qui, dans la pratique, étaient groupées par 4, 3 et 2, de manière à former des grands tons, des petits tons et des demi-tons (cf. à ce sujet: H. Riemann, *Katechismus der Akustik* [1891], p. 23 et suivantes). Un certain nombre d'anciens traités théoriques ont été conservés (*Narayan*, etc.); malheureusement plusieurs d'entre eux sont restés indéchiffrables, ceux, entre autres, qui renferment les règles principales de la musique sacrée *(Sâtyâyana; Drâhyâyana Sûtras)*.

PRATIQUE MUSICALE

L'absence d'une notation musicale suffisante (les Indous n'ont fait usage que de caractères sanscrits et de quelques rares signes cheironomiques; v. plus haut p. 10) est l'une des causes de notre ignorance, en ce qui concerne la pratique musicale dans l'Inde antique. Nous savons seulement que la musique, intimement liée à la poésie et à la danse, était cultivée surtout par une classe spéciale de bayadères, les *Dévadasi* (esclaves des dieux), dont les chants alternés ont donné naissance au drame musical. L'idylle intitulée *Guitagowinda* est vraisemblablement le plus ancien modèle du genre (1200 env. avant J.-C.). L'art sacré était absolument distinct de l'art profane; tandis que le premier a presque disparu, la musique profane est encore très vivace de nos jours, sans que les formes caractérisées par l'abondance des ornements mélodiques et la variété inouïe des rythmes) paraissent avoir subi de notables changements.

1200 env. avant J.-C.

C. Engel, *op. cit.*, p. 12.
Saalschütz, *Geschichte und Würdigung der Musik bei den Hebräern.*

PALESTINE.

On pourrait s'attendre à avoir, grâce à l'Ancien Testament, des indications plus précises et plus nombreuses sur la musique des Hébreux, que sur celle des autres peuples de l'antiquité. Il n'en est rien; plus que partout ailleurs, peut-être, nous en sommes réduits trop souvent à des conjectures. Nous grouperons ici les quelques données certaines que nous possédons, et nous jetterons, tout d'abord, un rapide coup d'œil sur les instruments de musique.

INSTRUMENTS.

INSTRUMENTS A CORDES (pincées) : **Kinnor** (petite harpe triangulaire, originaire d'Egypte, et transmise aux Hébreux par les Phéniciens), **Hasur** (lyre), **Chalichim** (luth à trois cordes : pas à archet !), **Nebel** (sorte de zither).

INSTRUMENTS A VENT : **Nekabhim** (flûte à bec), **Chalil** (petite flûte), **Schofar** et **Keren** (trompettes sacrées en corne de bouc — instruments nationaux par excellence), **Chazozeroth** (trompette droite).

INSTRUMENTS A PERCUSSION : **Toph** (sorte de tambour de basque), **Teltselim** (cymbales), etc.

SYSTÈME MUSICAL.

Nous ne savons rien du système musical des Hébreux ; tout au plus paraît-il probable qu'il ait subi l'influence de l'Egypte. La différence très prononcée qui existe entre les divers rites israëlites, nous empêche de considérer les chants de la synagogue actuelle comme des restes authentiques de la musique du temple de Salomon. La forme poétique des psaumes (répétition d'une même pensée, sous deux formes distinctes) est l'unique preuve (?) que nous ayons de l'existence d'une forme musicale antique, basée sur un parallélisme continu.

PRATIQUE MUSICALE.

Quant à la pratique musicale proprement dite, elle ne nous est connue que très imparfaitement, par les récits bibliques. La musique sacrée atteignit son plus haut développement sous le règne de **David** (1086-1016 environ avant J.-C.) qui en confia l'exécution aux Lévites, sans s'abstenir, du reste, d'y participer lui-même. Admis dans le culte au même titre que la voix, les instruments se bornent à suivre la partie vocale à l'unisson ou à l'octave, ou marquent simplement le rythme.

1086-1016 env. avant J.-C.

GRÈCE.

Bibliographie générale : Fr.-A. Gevaert, *Histoire et théorie de la Musique de l'anti-*

Les Grecs, le peuple le plus « artiste » de l'antiquité, entendaient par μουσική l'ensemble des trois *arts musiques quité* (Gand, 1875 et 1881; deux vol.).

R. Westphal, *Geschichte der alten und mittelalterlichen Musik* (Breslau, 1865; Ire partie).

M. Meibom, *Antiquæ musicæ auctores septem* (1652).

J. Wallis, *Œuvres complètes* (1699; trois volumes).

C. von Jan, *Musici scriptores græci* (Leipzig, B.-G. Teubner, 1895).

(poésie, danse, musique), par opposition aux *arts plastiques* (peinture, sculpture, architecture). C'est assez dire que la musique ne jouissait, dans la Grèce antique, que d'une indépendance fort relative. Toutefois, l'art musical proprement dit s'y développa assez tôt, et dans des proportions suffisantes, pour que nous puissions considérer la musique grecque à la fois comme une synthèse, raisonnée et épurée, des musiques de l'antique Orient (Egypte, Inde, Palestine), et comme le berceau de notre art occidental.

Il importe de noter dès l'abord que la musique grecque est, en principe, entièrement *vocale*. La musique instrumentale elle-même s'est développée relativement tard et s'est bornée, du reste, à reproduire les formes de la musique vocale. Cependant un examen, même superficiel, des instruments en usage dans la musique artistique des anciens Grecs, révèle déjà la supériorité immense de la culture musicale grecque, comparée à celle des autres nations de l'antiquité.

Bibliographie spéciale :

W. Johnsen, *Die « Lyra », ein Beitrag...* (Berlin, 1876).

C. von Jan, 1. *De fidibus græcorum* (dissert. Berlin, 1859); 2. *Die griechischen Saiteninstrumente* (Saargemünd, 1882).

INSTRUMENTS.

INSTRUMENTS A CORDES (pincées) : **Lyre** (d'origine assyrienne), **Cithare** (probablement identique à la lyre, au début, s'en distingua plus tard par sa table d'harmonie plane, tandis que celle de la lyre était voûtée ; le nombre des cordes augmenta peu à peu, dans les deux instruments, de quatre à dix-huit), **Phormynx** (grande cithare), **Chelys** (petite cithare), **Trigonon** (harpe), **Magadis, Epigonion, Pectis** (sortes de harpes, tendues d'un grand nombre de cordes), **Sambuka** (psaltérion d'origine assyrienne), **Nable** (luth à deux cordes), **Pandoura** (luth à trois cordes), **Monocorde** (*antiphonique* [une corde passant sur un chevalet mobile] et *paraphonique* [quatre cordes à l'unisson] ; instrument employé uniquement pour les expériences d'acoustique).

Cf. *Allg. musikalische Zeitung*, 1881 (C. von Jan, *Der « Diaulos »*).

INSTRUMENTS A VENT : **Aulos** (flûte à bec), **Diaulos** (flûte double), **Syrinx** (flûte de Pan), **Salpinx** (trompette droite, d'origine égyptienne), **Keras** (sorte de cor), **Hydraulos** (orgue primitif, inventé par **Ctébisius** d'Alexandrie [environ 180 av. J.-C.]; renferme déjà les éléments essentiels de tout orgue moderne, à savoir : 1° un magasin à air, alimenté par un soufflet dont l'air est comprimé par un système de pression hydraulique [d'où son nom], 2° une série de tuyaux dans lesquels l'instrumentiste fait pénétrer l'air, à volonté, au moyen de simples soupapes).

K. Fortlage, *Das musikalische System der Griechen in seiner Urgestalt* (1847).

Fr. Bellermann, *Die Tonleitern und Musiknoten der Griechen* (1847).

O. Paul, *Die absolute Harmonik der Griechen* (1866).

INSTRUMENTS À PERCUSSION, assez nombreux, tous d'origine égyptienne.

SYSTÈME MUSICAL.

A vouloir présenter le système musical des anciens Grecs sous une forme trop résumée et soi-disant simplifiée, plus d'un historien en a donné une idée fausse, une image incomplète et, par conséquent, incompréhensible. Nous voudrions éviter de retomber dans la même erreur, c'est pourquoi nous ne craindrons pas d'entrer dans quelques détails dont l'importance apparaîtra clairement dans la suite.

Genres.

Le système musical grec repose tout entier sur le *tétracorde* (groupe de quatre sons) *descendant*, dont les trois espèces principales déterminent les trois **genres** *diatonique*, *enharmonique* (ancien et nouveau) et *chromatique*, soit :

I. Tétracorde diatonique.

ton ton 1/2 ton

II. *a)* Tétr. enharmonique (ancien).

3ce maj. 1/4 ton

II. *b)* Tétr. enharmonique (nouveau).

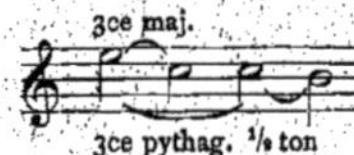

III. Tétr. chromatique.

3ce min. 1/2 t. chrom. 1/2 t. diat.

On remarquera que les deux sons extrêmes de chaque tétracorde sont fixes (ἑστῶτες), tandis que l'accord des sons intermédiaires varie (κινούμενοι) suivant le genre du tétracorde. En outre, les théoriciens avaient établi un assez grand nombre de « *colorations* » (χροαί), subtiles divisions du tétracorde, parmi lesquelles nous relevons surtout l'existence (**Didyme,** 30 av. J.-C.) du demi-ton 15 : 16 et de la tierce majeure 4 : 5, dont les déterminations sont encore adoptées de nos jours. Mais les colorations n'avaient pas même d'équivalents dans la notation musicale, et les quatre formes de tétracorde indiquées plus haut eurent seules une valeur pratique.

Système.

Parmi ces dernières, la forme diatonique attirera tout particulièrement notre attention, puisqu'elle sert de base au **système musical** proprement dit. Celui-ci se présente sous les dehors d'une échelle diatonique descendante, composée de quatre tétracordes alternativement *conjoints* (*la. sol. fa. mi mi. ré. ut. si ;* liaison = συναφή) et *disjoints* (*mi. ré. ut. si — la. sol. fa. mi ;* séparation = διάζευξις), et d'une note «supplémentaire» (προσλαμβανόμενος), destinée à compléter, au grave, la seconde octave. Chaque tétracorde porte un nom déterminé par la place qu'il occupe dans l'ensemble du système, et chaque son un nom déterminé par celle qu'il occupe dans le tétracorde, ou par des considérations techniques (λιχανός = index) :

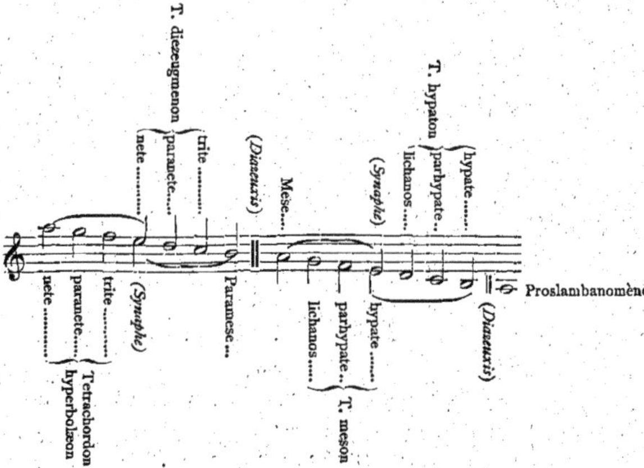

Ce système, purement diatonique, était dit invariable (ἀμετάβολον), par le fait qu'il ne permettait aucune modulation. On ne tarda guère à le compléter, en ce sens, par l'adoption d'un son supplémentaire (*si bémol*), intercalé entre la *paramese* et la *mese*. Ce *si bémol* donne naissance à un nouveau tétracorde, le *tétracorde conjoint* (συνημμένον), au moyen duquel on peut moduler dans le ton de la quinte inférieure :

Sous cette forme amplifiée, le système, dans son ensemble, était considéré comme *complet* (τέλειον), et souvent appelé *variable* ou *modulatoire* (μετάβολον). Cependant, le tétracorde conjoint ne participe en aucune manière à la formation des modes, dont nous allons nous occuper.

Modes.

Cf. *Allg. musikalische Zeitung*, 1878 (C. von Jan, *über die altgriechischen Tonarten*).
D.-B. Monro, *The modes of ancient greek music* (Oxford, 1894).

Les **modes** (ἁρμονίαι) des Grecs ne sont rien autre que des *octaves diatoniques*, extraites de l'échelle de quinze sons (πεντεκαιδεκάχορδον σύστημα) et caractérisées par la place qu'y occupent les demi-tons. En prenant pour point de départ la seule forme de tétracorde dont nous ayons fait usage jusqu'à présent, la *forme dorienne*, et en déplaçant successivement le demi-ton, du grave à l'aigu, nous obtenons les trois *modes principaux* :

Dorien : **mi**^{3} *ré*^{3} *ut*^{3} *si*^{2} ‖ **la**^{2} *sol*^{2} *fa*^{2} **mi**^{2}
Phrygien : **ré**^{3} *ut*^{3} *si*^{2} *la*^{2} ‖ **sol**^{2} *fa*^{2} *mi*^{2} **ré**^{2}
Lydien : **ut**^{3} *si*^{2} *la*^{2} *sol*^{2} ‖ **fa**^{2} *mi*^{2} *ré*^{2} **ut**^{2}

Un quatrième mode, dont le caractère tout particulier provient de la différence de forme des deux tétracordes qui le composent, s'ajoute aux premiers, c'est le

Mixolydien : **si**^{2} *la*^{2} *sol*^{2} *fa*^{2} ‖ **mi**^{2} *ré*^{2} *ut*^{2} **si**^{1}

Puis viennent des *modes secondaires* (ὑπο -), résultant du simple renversement de l'ordre des rapports de quinte et de quarte observés dans les modes principaux :

Hypodorien : la² *sol² fa²* mi² ‖ *ré² ut² si¹* la¹
Hypophrygien : sol² *fa² mi²* ré² ‖ *ut² si¹ la¹* sol¹
Hypolydien : fa² *mi² ré²* ut² ‖ *si¹ la¹ sol¹* fa¹
Hypomixolydien : mi² *ré² ut²* si¹ ‖ *la¹ sol¹ fa¹* mi¹
[cf. *Dorien*]

Enfin, deux modes qui disparurent assez tôt de la pratique musicale, par le fait de leur analogie avec l'*hypodorien* et l'*hypophrygien*, mais dont les noms furent utilisés pour certaines échelles transposées (v. plus loin) :

Eolien : la² *sol² fa² mi²* ‖ ré² *ut² si¹* la¹
[cf. *Hypodorien*]

Ionien : sol² *fa² mi² ré²* ‖ ut² *si¹ la¹* sol¹
[cf. *Hypophrygien*]

Ce n'est pas tout, car les Grecs ne se contentaient point de modifier la valeur modale (δύναμις) des sons, par le déplacement des demi-tons (ex. : emploi du tétracorde *synemmenon*) ; ils transposaient encore tout leur système, soit à l'aigu, soit au grave (changement de θέσις), en faisant usage des altérations nécessaires. Chaque **échelle transposée** — il y en eut jusqu'à quinze — portait le nom du mode correspondant à celui de l'octave *mi3-mi²*, telle qu'elle se présentait dans le système transposé. Ainsi, dans la transposition d'un ton supérieur (*si³-si¹*, avec deux dièses), l'échelle de *mi* revêt la forme :

Echelles transposées.

mi3 ré3 ut♯3 si² ‖ *la² sol² fa ♯² mi²* = *phrygien.*

Nous devons renoncer, dans ces simples « notes », à pénétrer plus avant dans le mécanisme des *tons* (échelles transposées = τόνοι) grecs. Le lecteur que cette question intéresse spécialement pourra consulter soit les auteurs grecs, soit leurs commentateurs. Il trouvera, dans notre bibliographie, l'énumération des principaux ouvrages de ces derniers ; quant aux auteurs eux-mêmes, ce sont surtout :

THÉORICIENS ET MUSICOGRAPHES.

Pythagore (né en 582 env. av. J.-C.), célèbre philosophe. Il n'a rien écrit lui-même, mais, élève des prêtres égyptiens, il leur emprunta peut-être certaines particularités de leurs théories musicales (v. p. 11), qui ont servi de base aux doctrines de l'école des *canonistes*, dont il est le chef (Pythagore,

Didyme, Euclide, Ptolémée). Les rapports mathématiques des sons étaient considérés, par ce groupe de théoriciens, comme le seul fondement possible du système musical.

Cf. *Cæcilia* de Gottfr. Weber, VIII, p. 69 et suiv. (1828).

Platon (429-347 av. J.-C.), élève de Socrate et maître d'Aristote, fondateur d'une véritable philosophie de l'art. Les principaux passages de ses œuvres, se rapportant à la musique, ont été collationnés par Deyk.

Richter, *De Aristotelis problematis* (dissert., Bonn. 1885).
Ch.-E. Ruelle, *Problèmes musicaux d'Aristote* (Paris, 1891), et *Corrections, etc.* « Revue des études grecques », Paris, 1892).
K. Stumpf, *Die pseudo-aristotelischen Probleme über die Musik* (1897).

Aristote (384-322 av. J.-C.), disciple de Platon. Ses œuvres renferment des passages importants sur la musique (cf. C. von Jan, *Musici scriptores græci*, 1895, p. 1-35). Quant aux *Problèmes musicaux*, publiés souvent sous son nom, ils sont évidemment d'une époque beaucoup plus récente [Ier ou IIme siècle de notre ère] (cf. C. von Jan, *loc. cit.*, p. 39-111).

Ch.-E. Ruelle, *Etude sur Aristoxène* (Paris, 1871 ; avec trad. franç. des « *Eléments harmoniques* »).
Cf. *Sammelbände der Internat. Musikg.* I, p. 333 : Abert, *Der neue Aristoxenosfund von Oxyrhynchos.*

Aristoxène (né en 354 env. av. J.-C.), élève d'Aristote, chef du groupe des *harmonistes* (opposé à celui des disciples de Pythagore). On n'a conservé de lui que les *Eléments harmoniques* et quelques fragments des *Eléments rythmiques.* M. Marquard a rédigé une édition critique, avec traduction allemande, de ces deux traités (1868).

Ch.-E. Ruelle, *Introduction harmonique de Cléonide, la Division du canon d'Euclide.....* (Paris, 1884).

Euclide (env. 300 av. J.-C.), mathématicien d'Alexandrie, auteur d'un traité intitulé : *Κατατομὴ κάνονος* (cf. C. von Jan, *loc. cit.*, p. 113 et suiv.). V. plus loin, Cléonide.

Didyme (né en 63 av. J.-C.), grammairien d'Alexandrie, auteur d'un traité musical dont quelques extraits seulement nous sont parvenus, par l'intermédiaire de Porphyrius et de Claude Ptolémée.

Plutarque, *De la musique.* Edit. critique et explicative par H. Weil et Th. Reinach (Paris, 1900).

Plutarque (né à Chéronée en 50 apr. J.-C. — mort en 120), a laissé un traité, en forme de dialogue, *Περὶ μουσικῆς*, dont R. Westphal a donné, en 1866, une traduction allemande, accompagnée de commentaires.

H. Deiters, *Ueber das Verhältniss des Martianus Capella zu Aristides Quintilianus* (1881).

Aristide Quintilien (Ier-IIme s.), auteur de *De musica libri VII*, publié par Albert Jan, en 1882.

Nicomaque de Gerasa (IIme s.), auteur d'un « ἁρμονικὸν ἐγχειρίδιον » (cf. C. von Jan, *loc. cit.*, p. 211 et suiv.).

V. plus haut : Ch.-E. Ruelle, *Introduction, etc.* (1884).

Cléonide (IIme siècle), auteur présumé (harmoniste) d'un traité « Εἰσαγωγὴ ἁρμονική », attribué pendant longtemps à Euclide (canoniste !). Cf. C. von Jan, *loc. cit.*, p. 167 et suiv.

Cf. Sr de Sermes, *Traité de l'harmonie universelle* (Paris, 1627), et Vincent, *Notes et extraits des manuscrits.....* tome XVI, 2me part. (Paris, 1847).

Bacchius de Géronte (env. 150), auteur d'une « Εἰσαγωγὴ τέχνης μουσικῆς » publiée à diverses reprises. Cf. C. von Jan, *loc. cit.*, p. 285 et suiv. et l'analyse de l'*Isagoge*, parue dans le programme du lycée de Strasbourg (1891).

Gaudence (IIme s.), auteur d'un traité : Ἁρμονικὴ εἰσαγωγή (cf. C. von Jan, *loc. cit.*, p. 320 et suiv.).

Claude Ptolémée (IIme s.), mathématicien d'Alexandrie, a écrit un ouvrage en trois livres sur la musique, publié par Wallis, en 1662, sous le titre : « *Claudii Ptolemæi harmonicorum libri III.* » — Enfin :

Alypius (360 env.), à qui nous devons, presque exclusivement, la connaissance de la notation grecque et, par conséquent, la possibilité de reconstituer les quelques monuments de l'art antique qui ont été conservés. Son Εἰσαγωγὴ μουσική, publiée plusieurs fois (cf. C. von Jan, *loc. cit.*, p. 367 et suiv.), renferme un tableau complet de la double notation, instrumentale et vocale, des quinze tons (échelles transposées), dans les genres diatonique, chromatique et (en partie) enharmonique.

NOTATION MUSICALE.

Les tables d'Alypius, complétées par les indications de quelques autres auteurs, ont été interprétées de différentes façons. Les uns (Bellermann, Fortlage, Gevaert) prennent comme base le mode *hypolydien*, les autres (Haskins Eyles Stiles, Burney, C. von Jan [dans quelques-uns de ses

Cf. *Philosophical Transactions*, 51, II (1760).

Ch. Burney, *A general history of music* (1776; vol. I, p. 48).

Cf. H. Riemann, *Dictionnaire de musique*, édit. franç. par G. Humbert (Paris 1899); art. *Grecque* [musique], p. 299 et suiv.

Cf. H. Riemann, *Studien zur Geschichte der Notenschrift* (Leipzig, 1878), p. 12.

écrits], H. Riemann), le mode *Dorien*. Nous adoptons cette dernière interprétation qui, si elle soulève la question non encore résolue du véritable diapason grec, n'en paraît pas moins à la fois plus logique et plus simple que l'autre. Nous nous bornerons, du reste, à donner la tableau complet de la notation, sans entrer dans les détails de son application aux différents modes et tons du système musical :

Ʊ'	A' B' Γ'	Δ'Ε'Ζ'	Η'Θ'Ι'	Κ'Λ'Μ'	Ν'Ξ'Ο'	⊥ ⊥ ϴ	Ж ⫛ Ʊ
Ζ'	\\' /' Ν'	⅃'⅃'Ŀ'	>'V'<'	⅄'Ƙ'⅂'	ꓘ'⊻'Κ'	⅄ ⊬ И	↗ ↖ Ζ
$fa\sharp^4$	fa^4 — mi^4	mi^4 — $ré\sharp^4$	$ré^4$ — $ut\sharp^4$	ut^4 — si^3	si^3 — $la\sharp^3$	la^3 — $sol\sharp^3$	sol^3 — $fa\sharp^3$

Partie centrale (primitive):

Α Β Γ	Δ Ε Ζ	Η Θ Ι	Κ Λ Μ	Ν Ξ Ο	Π Ρ C	Τ Υ Φ	Χ Ψ Ω
\\ / Ν	⅃ ⅃ Ɩ	> V <	⅄ Ƙ ⅂	ꓘ ⊻ Κ	Ɔ ◡ C	⅂ ⅃ F	ч ϒ ↗
fa^3 — mi^3	mi^3 — $ré\sharp^3$	$ré^3$ — $ut\sharp^3$	ut^3 — si^2	si^2 — $la\sharp^2$	la^2 — $sol\sharp^2$	sol^2 — $fa\sharp^2$	fa^2 — mi^2

∀ R ⅂	∇ F 7	⊣ ⋒ —	⊻ V W	И ⋈ ɋ	⅃ b 3	⊣ ⊱ ⌓
Ⱡ L Γ	⊣ ⊥ ⊢	Ǝ ш E	⊣ ⊏ h	Η Ʀ Я	3 ω Ɛ	Τ ⊣ ⌓
mi^2 — $ré\sharp^2$	$ré$ — $ut\sharp^2$	ut^2 — si^1	si^1 — $la\sharp^1$	la^1 — $sol\sharp^1$	sol^1 — $fa\sharp^1$	fa^1 — mi^1

Groupe inusité:

Ж ⋺ ⊐

Ж ∈ ⊏

mi^1 — $ré\sharp^1$

On voit d'après ce tableau que, comme nous l'avons déjà fait entendre, la notation grecque était double : **notation vocale** (rangée supérieure ; alphabétique, chromatique - enharmonique, d'origine récente), **notation instrumentale** (rangée inférieure ; primitivement diatonique, ainsi que le prouve la série des signes fondamentaux [le troisième de chaque groupe], dans lesquels H. Riemann croit retrouver les premières lettres de l'alphabet chaldéen). L'usage de cette notation était relativement simple :

1er ou 3me signe d'un groupe (pour *mi* et *si*, toujours le 3me)	= un son isolé (c.-à-d. sans $^1/_2$ ton adjacent.)
2me et 3me signes du groupe	= $^1/_2$ ton diatonique.
groupe complet	= pycnon (ex. $\overline{fa\text{-}fa}$) [enharmonique].
groupe complet dont le 1er signe est barré	= $^1/_2$ ton chromatique,

soit, pour le premier groupe de la partie centrale de notre tableau : A = *fa3* ; Γ = *mi3* ; B Γ = *fa3-mi3* ; A B Γ = *fa3-fa3-mi3* ; A B Γ = *fa♯3-fa3-mi3* ; — et de même, pour la notation instrumentale.

Signes de durée.

Ce système de notation comporte, en outre, des ***signes de durée***, mais ils étaient généralement sous-entendus, les valeurs métriques du texte indiquant suffisamment les rapports de durée des sons. L'unité de temps (brève ; *μορα*) est caractérisée par l'absence de signe ; ——— = deux fois, ———˩ = trois fois, ˪———˩ = quatre fois, ˪—˩—˩ = cinq fois la valeur de l'unité de temps. La combinaison de l'un quelconque de ces signes avec Λ indique un ***silence*** de valeur correspondante, soit ———˩ sur Λ = silence dont la durée équivaut à celle de trois unités de temps.

On comprend qu'avec des données aussi précises, il soit aisé de reconstituer et de transcrire en notation moderne, les fragments plus ou moins importants de musique grecque, parvenus jusqu'à nous. Avant d'énumérer ces fragments, nous passerons rapidement en revue les principales manifestations de la pratique musicale.

PRATIQUE MUSICALE.

Les joûtes célèbres de la Grèce antique réservaient, pour la plupart, une place importante aux arts musiques ; mais ce sont les **Jeux pythiens**, en l'honneur d'Apollon (tous les cinq ans, à partir de 586 av. J.-C.), qui semblent avoir été consacrés plus particulièrement à l'art musical. Indépendant ou, au contraire, allié à la poésie et à l'orchestique (danse et mimique), cet art revêtait différentes formes que l'on a groupées sous les dénominations suivantes :

monodie = musique vocale sans accompagnement aucun.
citharodie = musique vocale avec accompagt d'instruments à cordes.
aulodie = » » » » » à vent.
citharistique = musique pour instruments à cordes.
aulétique = » » » à vent.

Les nômes.

Toute mélodie, ou **nôme** (*νόμος*), tant instrumentale que vocale, portait un nom spécial destiné à rappeler son origine ou ses caractères principaux. On cite, au nombre des plus anciens (abstraction faite de la musique populaire) et des plus remarquables, les nômes de la période qui suivit l'invasion du Péloponèse par les Doriens (1190 av. J.-C.).

Invasion dorienne, 1190 av. J.-C.

La plupart des auteurs dont les noms suivent ont contribué, avec beaucoup d'autres moins importants, à enrichir le trésor musical de la Grèce.

Principaux auteurs de la première période (env. 700-550 av. J.-C.).

Olympe, le Phrygien (env. 700 av. J.-C.), joueur de flûte, qui passe pour être l'inventeur du *genre enharmonique ancien*;

Terpandre, de Lesbos (env. 675 av. J.-C.), joueur de cithare très estimé, introducteur de l'*heptacorde*, est considéré, de ce fait, comme le véritable initiateur de l'art musical grec;

Archiloque (env. 670 av. J.-C.), inventeur de l'*iambe* (pied métrique: ◡ —);

Thaletas, de Crète (env. 670 av. J.-C.), à partir duquel Plutarque fait dater une nouvelle période de l'art musical grec, auteur des premières *gymnopédies* (ὑπορχήματα), promoteur du *péan* (hymne en l'honneur d'Apollon);

Alcman (env. 650 av. J.-C.), qui imagina de nouvelles formules rythmiques;

Alcée (env. 612 av. J.-C.), de Mytilène, le grand poète lyrique, adorateur de **Sapho**, la poétesse (env. 628-568 av. J.-C.);

Arion, de Lesbos (env. 600 av. J.-C.), dont les *dithyrambes*, pour des chœurs évoluant autour de l'autel de Jupiter, sont devenus le fondement de la tragédie antique;

Clonas (env. 600 av. J.-C.), joueur de flûte renommé.

Sacadas (env. 585 av. J.-C.), qui parvint à faire à l'*aulodie* une place égale à celle que la *citharodie* occupait seule, jusqu'alors, dans les grandes joûtes artistiques;

Stésichore (env. 550 av. J.-C.), de son vrai nom TYSIAS, qui compléta la forme des hymnes pour chœur, en ajoutant à la *strophe* et à l'*antistrophe* des chœurs de tragédie une troisième partie, appelée *épode*;

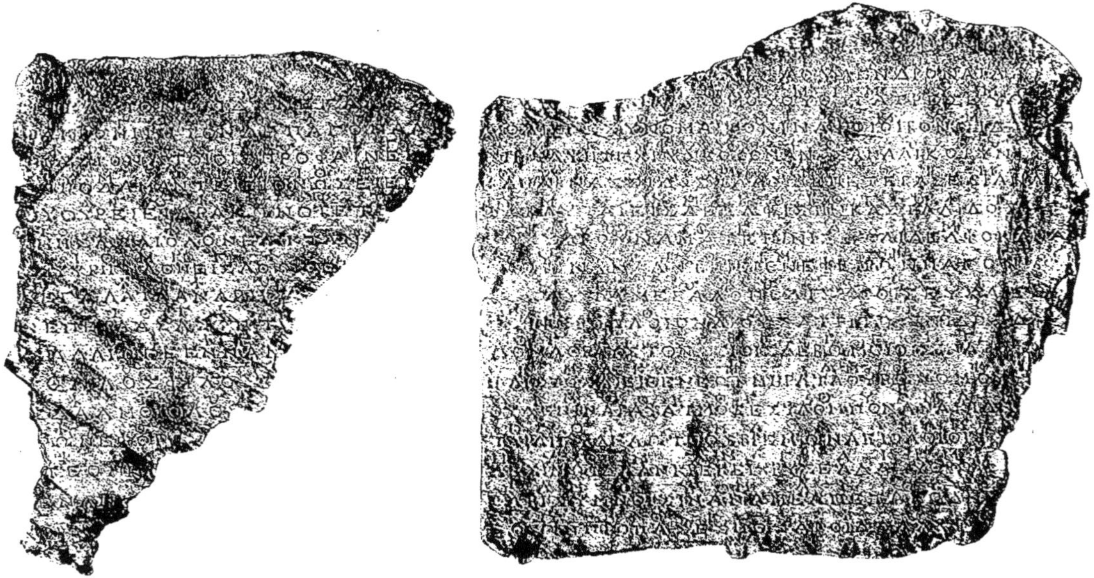

Hymne delphique a Apollon

(Voir p. 27 des « Notes »)

Pl. I

Clichés de l'*Allgemeine Musikzeitung* (Réd. Otto Lessmann), Berlin-Charlottenburg.

Cf. l'édition de Pindare par Aug. Bœckh (1811, 1819, 1821), avec une introduction : *De metris Pindari.*

Pindare (env. 522-542 av. J.-C.), de Thèbes, le plus grand poète lyrique de la Grèce, élève de Lasos d'Hermione, auteur de poèmes chantés de tous les genres.

Période d'efflorescence (550-425 av. J.-C.).

A côté de ce dernier, ce sont évidemment les grands tragiques (**Eschyle, Sophocle, Euripide**) qui ont élevé la musique grecque au plus haut degré de son développement. Mais, après un siècle environ (550 à 425 av. J.-C.) de floraison merveilleuse, le passage des chœurs de la tragédie dans la comédie (**Aristophane**) devait être le signal de la décadence (425 av. J.-C. — 524 après J.-C.).

Période de décadence (425 av. J.-C. — 524 ap. J.-C.).

Les restes de musique grecque.

La plupart des fragments musicaux qui nous sont parvenus appartiennent malheureusement à cette période de décadence; ils n'en sont pas moins précieux, par le fait même de leur rareté. Ce sont :

Cf. C. von Jan, *Musici scriptores græci. Supplementum, melodiarum reliquiæ* (Leipzig, B.-G. Teubner, 1899).

1. La fin de la 1re **Pythique** de **Pindare,** publiée pour la première fois par Ath. Kircher (*Musurgia,* I, p. 541), mais dont l'authenticité n'est pas absolument certaine.

Fr.-A. Gevaert, *La mélopée antique dans le chant de l'église latine* (Gand, 1895), Appendice, p. 388.

2. Le premier *Stasimon* de l'**Oreste** d'**Euripide,** publié par C. Wessely (*Mitteilungen aus der Sammlung der Papyrus Erzherzog Rainer,* V, Vienne 1892).

Cf. C. von Jan, *loc. cit.*, p. 8-19.

Voir, à la Planche I, la reproduction des tables de l'*Hymne à Apollon.*

Hymne à Apollon (gravé de 125 à 105 environ av. J.-C.).

3. Un **Hymne à Apollon,** découvert par M. Homolle, dans le trésor des Athéniens, à Delphes, et publié par MM. H. Weil et Th. Reinach (*Bulletin de Correspondance hellénique*, XVII [1893], p. 569 et tables XXI, XXIb). Gravé de 125 à 105 env. av. J.-C., sur deux pierres de grandes dimensions, cet hymne est le monument le plus important que nous possédions d'ancienne musique grecque.

4. Un second **Hymne à Apollon,** publié également par MM. Weil et Reinach (*Bulletin, etc.*, XVIII [1894], p. 345 et table XII *bis*); moins bien conservé que le précédent.

5. L'**Épitaphe de Séikilos,** découverte près de Tralles, en Asie-Mineure, publiée par W.-M. Ramsay (*Bulletin, etc.*, VII, [1883], p. 277), pour le texte, et par Wessely (Annales du Gymnase III, Vienne, 1891), pour la musique.

Cf. Fr. Bellermann, *Die Hymnen des Dionysios und Mesomedes* (1840).

6. Un **Hymne à la Muse**
7. » » **au Soleil** } de MÉSOMÈDE, le Crétois.
8. » » **à Némésis** }

publiés tous trois par Vincent Galilée (*Dialogo della musica antica*, Florence, 1581) et, depuis lors un très grand nombre de fois.

9. Quelques petits **exercices pour la cithare**, publiés par Fr. Bellermann (*Anonymi scriptio de musica, etc.*, 1841).

LA MUSIQUE A ROME.

S'il est vrai que, pendant cette période de décadence, l'art lui-même fut ravalé de plus en plus au rang de simple divertissement — tendance accentuée par la prédominance que la musique instrumentale prit, à Rome surtout, sur la musique vocale —, il ne faut point oublier que, d'autre part, la théorie musicale resta, pendant longtemps encore, l'objet des préoccupations des savants et des philosophes.

V. plus haut: H. Deiters, *Ueber das Verhältniss...* (1881).

Cf. la traduction allemande du *De musica*, de Boèce, par le Dr Oscar Paul (1872; pas exempte d'erreurs!).

N.B. Une trad. française, par Fétis, est restée manuscrite (Bibl. du Conservatoire royal, Bruxelles).

Boèce (475 env. — 524).

C'est ainsi qu'après **Martianus Capella** (Vme siècle), qui consacre encore à la musique tout un livre (IX) de son *Satyricon*, un savant romain du nom de **Boèce** (ANICIUS-MANLIUS-TORQUATUS-SEVERINUS BOETIUS, né à Rome vers 475, m. décapité en 524) résume une dernière fois le système musical grec, dans un grand ouvrage : *De musica* (cinq livres; publié, pour la première fois, en 1491-1492, à Venise).

Et, tandis que les nômes grecs passaient dans le chant de l'église chrétienne occidentale, l'œuvre de Boèce clôturait l'ère de la musique antique et devenait « l'évangile de tous les théoriciens du moyen-âge ».

B. LA MONODIE MÉDIÉVALE.

(Ier — Xme siècle).

Nous avons déjà constaté, chez les peuples de l'antique Orient, l'union de la musique avec la religion. Cette union apparaît plus intime encore et plus profonde, au début de l'ère chrétienne ; non pas que les éléments musicaux soient très développés dans le culte, mais les formes de la musique vocale sont étroitement liées à celles de la liturgie, et la théorie ne se soucie de rien autre que du chant ecclésiastique.

Origines de la monodie liturgique.

Le chant des premiers chrétiens revêtait, comme tous les actes du nouveau culte, un caractère de simplicité extrême ; il se réduisait évidemment à une sorte de déclamation fortement accentuée. Quant à la forme de ces chants, celle du **répons** et de l'**antiphonie,** elle était empruntée au mode d'exécution des psaumes, dans le temple de Salomon.

F.-Aug. Gevaert, *La mélopée antique dans le chant de l'église latine* (Gand, 1895).

Clément d'Alexandrie (IIme s.).

St Jérôme (341 env.-420).

Toutefois, l'influence de la culture gréco-romaine, qui transforma peu à peu les manifestations extérieures du culte chrétien, ne tarda pas à se faire sentir dans le domaine musical. Et c'est contre elle, au fond, que *Clément d'Alexandrie* (IIme siècle) s'insurge, lorsqu'il interdit l'usage des successions chromatiques, dans le chant liturgique ; contre elle encore que *St Jérôme* (341 env.-420) cherche à lutter, lorsqu'il invite le serviteur du Christ à chanter « de manière à impressionner non par des accents, mais par des paroles prononcées », ou qu'il affirme que « la jeune fille chrétienne ne devrait pas même savoir ce que c'est qu'une lyre ou une flûte! »

L'art vivant devait avoir raison de cette opposition basée sur des scrupules purement dogmatiques, aussi M. F.-A. Gevaert a-t-il pu dire avec raison, dans son remarquable ouvrage sur *La mélopée antique, etc.* : « Le chant chrétien a pris ses échelles modales, au nombre de quatre, et ses thèmes mélodiques à la pratique musicale du temps de l'Empire romain, et particulièrement au chant à la cithare (ou *citharodie*), genre de musique qui, jusqu'au VIme siècle de notre ère, a tenu dans la vie privée des Romains une place analogue à celle qu'occupe parmi nous le *Lied* avec accompagnement de piano. Comme la langue latine, la musique gréco-romaine est entrée de plain-pied dans l'église catholique et s'y est continuée telle quelle, à part la suppression de tout élément instrumental. Vocabulaire et syntaxe sont les mêmes chez le païen Symmaque et chez son contemporain St Ambroise ; modes et règles de la composition musicale sont identiques, dans les hymnes que

Mésomède adresse aux divinités du paganisme, et dans les cantilènes des mélographes chrétiens. »

LA MUSIQUE BYZANTINE.

Ignace (68 env.)

La continuité de l'évolution musicale s'est réalisée, ici, à la fois directement et par l'intermédiaire de l'Eglise d'Orient, au sein de laquelle **Ignace**, évêque d'Antioche (en 68), contribua déjà avec zèle au développement de la musique ecclésiastique. C'est également dans l'Eglise byzantine que le système musical des Grecs a subi les premières transformations et qu'il a pris la forme sous laquelle St Ambroise l'introduisit en Occident, en même temps que le mode antiphonique de chanter les psaumes.

Joh. Tzetzes, *Ueber die altgriechische Musik in der griechischen Kirche* (Munich, 1874).

Chrysanthos, *Εἰσαγωγή, etc.* (Paris, 1821).

Il serait trop long d'entrer dans le détail de ces transformations, et nous devons, pour leur étude, renvoyer le lecteur aux ouvrages indiqués dans la bibliographie. Notons seulement qu'après avoir remplacé la série des échelles transposées par une simple gamme diatonique composée de la succession des fondamentales de ces échelles (soit: *la si ut♯ ré mi fa♯ sol♯ la*), les musiciens byzantins en arrivèrent à établir un système *considérablement simplifié*. Ce système, purement diatonique, est basé sur une série de huit échelles (d'où son nom d'*octoèchos*), dont quatre principales, élevées sans aucune altération sur les sons *ré*[2] *mi*[2] *fa*[2] *sol*[2] (ἦχοι κύριοι α' β' γ' δ'), et quatre secondaires ou *plagales*, sur les sons *la*[1] *si*[1] *ut*[2] *ré*[2] (ἦχοι πλάγιοι α' β' γ' δ').

Système musical.

Notation.

A cet ensemble de modes correspond un système de notation, dans lequel l'échelle fondamentale (ἦχος α' κύριος) est représentée par les premières lettres de l'alphabet grec :

ré mi fa sol la si ut
α β γ δ ε ζ η

H. Riemann, *Die Μαρτυρίαι der byzantinischen liturgischen Notation* (Munich, 1882).

Chaque lettre est accompagnée d'un *signe supplémentaire* (μαρτύρια) destiné à rappeler le mode ancien dans lequel le son en question était fondamental :

δ° = δ = *dorien* ꝗ = φ = *phrygien.*
⁓ = λ = *lydien* ϰ = μ = *mixolydien.*

Enfin, des syllabes de solmisation :

πα βου γα δι κε ζω νη

dont l'usage ne paraît pas avoir été bien répandu, ont

néanmoins une certaine importance, par le fait du rôle que jouent leurs initiales, dans la nouvelle notation liturgique de l'Eglise d'Orient. Accompagnées des « martyres », ces initiales servent de clé à un ensemble de signes offrant quelque analogie, en apparence du moins, avec les *neumes* occidentaux (v., plus loin, le tableau des neumes).

Le système musical byzantin n'a été adopté en Occident ni dans sa totalité, ni d'une seule fois : c'est par fragments que, d'Antioche, il passa à Milan, puis à Rome et ailleurs. Au reste, il n'est pas impossible que son développement ait été favorisé à son tour par des influences occidentales.

LA MUSIQUE OCCIDENTALE.

A. Thierfelder, *De christianorum psalmis et hymnis usque ad Ambrosii tempora* (dissert., Leipzig, 1868).

Nous avons déjà remarqué que la culture musicale grecque s'était implantée à Rome, dans un état de dégénérescence plus ou moins accentué ; le système musical grec devait donc, pendant longtemps, suffire amplement aux besoins. Mais, peu à peu, l'art se transformant sous l'influence du culte chrétien, nous assistons à l'éclosion de formes nouvelles du plus haut intérêt.

St Ambroise (333-397).

St Ambroise (né à Trèves en 333, mort à Milan en 397), nommé évêque de Milan en 374, semble avoir été l'un des premiers chantres de génie du christianisme ; et, si la vérité nous oblige à lui contester la paternité de réformes que la tradition lui accorde trop facilement (notation alphabétique, etc.), du moins lui reste-t-il la gloire d'avoir, entre les premiers, participé à la création du chant liturgique latin.

CHANT AMBROSIEN.

Paléographie musicale. Recueil de facsimilés phototypiques, etc., publié par les R. Pères bénédictins de Solesmes (1889 et suiv.).

Les **hymnes** dites **ambrosiennes** (six de St Ambroise lui-même et plusieurs autres de ses contemporains) sont toutes strophiques et construites en dimètres iambiques, c.-à-d. sur le rythme suivant :

6/4 ♩ | 𝅗𝅥 ♩ 𝅗𝅥 ♩ | 𝅗𝅥 ♩ 𝅗𝅥 etc.

ou, en usant de la faculté de remplacer la syllabe brève des pieds impairs par une longue :

6/4 ♩ | 𝅗𝅥 ♩ ♩‿♩ | 𝅗𝅥 ♩ etc.

Psalmodie antiphonique.

En outre, St Ambroise fit venir à Milan des chantres syriens qui introduisirent dans son église la *psalmodie antiphonique* (chant alterné de deux chœurs) instituée par l'Eglise d'Antioche, et fixèrent les **quatre échelles modales** du chant ambrosien :

Echelles modales.

Tonus protus	*ré2 mi2 fa2 sol2 la2 si2 ut3 ré3*
» *deuterus*	*mi2 fa2 sol2 la2 si2 ut3 ré3 mi3*
» *tritus*	*fa2 sol2 la2 si2 ut3 ré3 mi3 fa3*
» *tetrardus*	*sol2 la2 si2 ut3 ré3 mi3 fa3 sol3*

Antienne.

La structure des cantilènes bâties sur ces quatre modes présente déjà quelque symétrie, et les courbes mélodiques s'en développent avec une liberté toujours plus grande, surtout dans l'*antienne* (prélude vocal du psaume). M. Gevaert considère celle-ci comme une imitation du prélude instrumental de l'antiquité ; mais l'antienne prit une réelle importance et dépassa bientôt le psaume en durée et en valeur.

C'est ainsi que, peu à peu, la pratique musicale se transformait et donnait de nouvelles bases au système lui-même. Cette évolution s'accentua d'autant plus que le nombre des chantres ecclésiastiques augmenta rapidement, à la suite de la fondation d'une *école spéciale*, par le pape **Sylvestre** (314 env.), et de l'interdiction, par le concile de Laodicée (367), du chant populaire dans les églises. Il est probable que, dès lors, chaque chantre contribua pour sa part, petite ou grande, à l'accroissement du trésor de mélodies liturgiques.

Fondation d'une école de chantres (314 env.)
Concile de Laodicée (367).

R. P. L. Lambillotte, *Antiphonaire de St-Grégoire*. Fac-simile du manuscrit de St-Gall. (Bruxelles, 1851).

F.-A. Gevaert, *Les origines du chant liturgique*. (1890).

Ces mélodies ont été réunies, sans noms d'auteurs, dans le courant du VIIIme siècle, et le recueil en est connu sous le nom d'**antiphonaire romain.** Faussement attribuée, par la tradition, au pape Grégoire Ier le Grand (pape de 590 à 604), la rédaction de l'antiphonaire est due à **Grégoire II** seulement (715-731), ou peut-être même à **Grégoire III** (731-741). Ce vaste recueil se compose de deux parties distinctes : l'*antiphonaire* proprement dit, contenant les parties essentielles de la messe, et le *graduel*, renfermant les parties de la messe qui changent suivant les jours de l'année ecclésiastique. Quant aux mélodies elles-mêmes, leur ensemble a reçu tout d'abord le nom de « chant choral » (*cantus choralis*), et, plus tard, celui de « chant

ANTIPHONAIRE ROMAIN.
Grégoire Ier (pape, de 590 à 604).
Grégoire II (pape, de 715 à 731).
Grégoire III (pape, de 731 à 741).

grégorien 1 (*cantus gregorianus*). Elles se répartissent aisément en deux classes: les *mélodies simples* ou *syllabiques* et les *mélodies ornées*. Les premières, ayant une note (exceptionnellement deux ou trois) par syllabe, datent de la période qui s'étend de 425 à 552 ; les autres, entourant chaque syllabe du texte de mélismes plus ou moins longs, ne sont souvent que des amplifications de mélodies syllabiques et datent, par conséquent, d'une période ultérieure, qui va de 552 à 700 environ.

Style syllabique (425-552).

Style orné (552-700).

Dom Jos. Pothier, *Les mélodies grégoriennes* d'après la tradition..... (Tournay, 1880).

Modes ecclésiastiques.

Le chant grégorien que l'on oppose à tort au chant ambrosien dont il n'est, au fond, que la continuation, a pour base mélodique une série de **huit échelles modales** (l'ὀκτώηχος du système byzantin) :

Tonus I. Authentus protus

Tonus II. Plagis proti.

Tonus III. Auth. deuterus.

Tonus IV. Plagis deuteri.

En d'autres termes, la pratique musicale du Vme au VIIIme siècle a ajouté aux quatre modes ambrosiens, dits *authentiques*, quatre autres modes dits *plagaux*, placés une quarte juste au-dessous de chacun des modes authentiques. C'est dans la *Musica* (Gerbert, *Scriptores* I, p. 26)

Dom Jumilhac, *La science et la pratique du plain-chant* (nouv. éd., Paris, 1847).

de **Flaccus Alcuin** (VIIIme siècle) que les modes ecclésiastiques sont mentionnés pour la première fois, en occident; mais leur numérotation grecque, adoptée dès le début et utilisée encore par **Aurélien de Réomé** (Gerbert, *Scriptores* I, p. 28), **Rémi d'Auxerre** (IXme siècle), etc., indique assez clairement leur origine. Les dénominations des modes antiques, pour les échelles nouvelles, ne furent introduites que dans le courant du Xme siècle, par des auteurs qui déplacèrent leur signification, en appliquant aux « modes » grecs un passage de Ptolémée, se rapportant uniquement à l'ordre des « échelles transposées ». On eut alors :

Dénominations grecques des modes ecclésiastiques (Xme s.).

I. *Dorien* III. *Phrygien* V. *Lydien*
II. *Hypodorien* IV. *Hypophrygien* VI. *Hypolydien*
VII. *Mixolydien* VIII. *Hypomixolydien*

Enfin l'Eglise adopta, plus tard, encore quatre modes, dont les noms furent empruntés par Glarean (*Dodekachordon*, 1547) aux échelles transposées les plus récentes des Grecs, à savoir :

Système des douze modes (Dodekachordon, 1547).

Les cantilènes construites sur l'un de ces **douze modes** sont considérées comme *authentiques*, lorsqu'elles se déploient entièrement dans l'espace de l'octave supérieure à la prime, comme *plagales*, lorsque leur étendue (*ambitus*) va de la quarte inférieure à la quinte supérieure de la fondamentale (*finalis*). On remarquera que cette fondamentale (indiquée dans les exemples ci-dessus par une note blanche) est la même pour les deux modes correspondants (authentique et plagal).

Si la structure mélodique du chant dit grégorien nous est assez bien connue, il n'en est point de même pour sa structure rythmique, sur laquelle la notation ne fournit, comme nous allons le voir, que des indications fort imprécises. Nous avons dit, il est vrai, que le chant liturgique était à l'origine d'une allure très vive; il se figea (avant le XIIme siècle déjà!), par l'usage et par le défaut d'une notation exacte des durées, en une sorte de mélopée traînante qui prit le nom de *cantus planus*, c.-à-d. **plain-chant.** Quoi qu'il en soit, les mélodies liturgiques peuvent, d'après leur allure mélodique et rythmique, se répartir en trois groupes auxquels correspondent trois modes d'exécution bien distincts: 1° la déclamation du texte sur un nombre très restreint de sons (*accentus*); 2° le chant proprement dit, soumis plus ou moins, par le fait du texte, aux lois de la prosodie (*concentus*); 3° les vocalises pures, dites jubilatoires (*jubilus*), principalement sur la dernière syllabe de l'*Alleluia*.

Le plain-chant.

Pendant les premiers siècles de notre ère, les quelques mélodies liturgiques que, seuls, les prêtres étaient tenus de connaître, se transmirent de bouche en bouche. La notation alphabétique grecque avait disparu de la pratique et n'était plus en usage que dans les écrits des théoriciens. Mais, à mesure que le nombre des mélodies augmentait, on sentit davantage la nécessité d'une notation qui permît de fixer tout au moins les contours de la phrase musicale, et de conserver celle-ci autrement que par la simple tradition orale. On eut alors recours — au début du VIIIe s., probablement — à un certain nombre de signes auxquels on donna le nom de **neumes** (du grec τὸ νεῦμα, le signe, le geste), et dont les éléments furent empruntés aux signes de la cheironomie antique (v. plus haut, p. 10); celle-ci n'étant, comme le dit M. O. Fleischer, que « la pratique de l'accentuation grammatico-musicale ». Les signes primitifs de la notation neumatique furent sans doute les suivants:

NOTATION NEUMATIQUE.

O. Fleischer, *Neumen-Studien, etc.* (Leipzig, I, 1895; II, 1897; III, en préparation).

— = tenue ou répétition du même son.
/ = mouvement ascendant.
\ = » descendant.

et leurs combinaisons:

Λ ou ∩ = mouvement ascendant puis descendant.
V ou ∪ = » descendant » ascendant.
⌉ = tenue suivie d'un mouvement descendant.
⌋ = » » ascendant, etc., etc.

Toutefois, nous ne trouvons nulle part ces signes sous une forme aussi rudimentaire. Les scribes eurent vite fait, dans l'écriture cursive, de multiplier les combinaisons et de compliquer l'aspect de cette notation qui ne tarda pas à devenir purement conventionnelle. Le célèbre manuscrit n° 339 de St-Gall, copie datant de la fin du VIIIe siècle de l'antiphonaire primitif, renferme déjà — selon M. Georges Houdard — environ 600 signes différents, dont 390 usuels et pouvant se répartir en quatre groupes comprenant 14 signes principaux :

Manuscrit de St-Gall (fin du VIIIme siècle).

G. Houdard, *Le rythme du chant grégorien d'après la notation neumatique* (Paris 1898).

ÉLÉMENTS FONDAMENTAUX :

— (*punctum*) / (*virga*)

FAMILLE DU PODATUS :

(*podatus*) (*scandicus*) (*torculus*) (*torculus resupinus*) ∴ (*torculus* dit *trigon*)

FAMILLE DE LA CLIVIS :

(*clivis*) (*climacus*) (*porrectus*) (*porrectus resupinus*)

NEUMES D'ORNEMENT :

(*podatus à broderie*) (*ancus*) (*oriscus*)

L'ensemble des signes de cette notation est identique dans les manuscrits d'une même époque et d'une même école ; il diffère par contre sensiblement suivant les régions dans lesquelles il s'est développé. On distingue donc, par le fait de l'apport de traditions locales, les notations *aquitaine*, *lombarde*, *gothique*, *messine*, etc. Le manuscrit sangallien reste, malgré tout, le document neumatique par excellence, le prototype de toute une série de manuscrits analogues, mais plus récents. Son histoire est étroitement liée à celle de la diffusion du chant *dit* grégorien, dans l'Europe centrale et septentrionale. (Voir à la *Pl. II* les reproductions de manuscrits neumés).

Diffusion du chant *dit* grégorien (VIIme au IXme siècle).

J. Combarieu, *Essai sur la critique musicale au XIXme s. et le problème de l'origine des neumes* (Paris, 1897).

Dès le VIIe siècle, les mélodies liturgiques se répandirent à travers les Gaules, jusqu'en Bretagne ; et, s'il est fort douteux que Grégoire-le-Grand ait pris part à la rédaction définitive de l'antiphonaire, du moins s'intéressa-t-il vivement à la cause du chant ecclésiastique. Ce fut lui, entre autres, qui transforma l'école de chantres fondée par

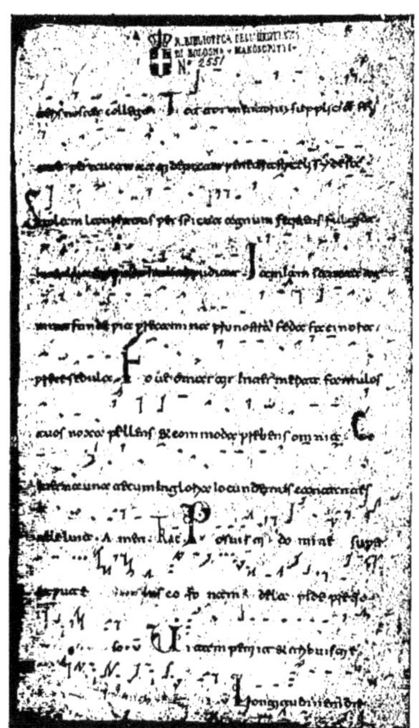

Feuillet d'un manuscrit neumé de la Bibliothèque de Bologne (Cod. 2551)

Cliché de la *Rivista musicale italiana* (Fratelli Bocca, éd.), Turin.

Fragment de missel retrouvé dans les archives de Rolle (Suisse) par M. Alfred Millioud

Photographie de M. Paul Vionnet (Lausanne).

NOTATION NEUMATIQUE ANTÉRIEURE AU XIe SIÈCLE

(Voir p. 36 des « Notes »)

le pape Sylvestre, en une sorte de corporation — **Schola cantorum**, à laquelle il adjoignit une école préparatoire proprement dite — *Parvisium*. Sorte de pépinière artistique, la *Schola* envoya bientôt des propagateurs de la pratique musicale dite grégorienne un peu dans toutes les directions : **Gallus**, au VIIe s., le fondateur du couvent de St-Gall ; les douze chantres que le pape Etienne II (752-757) céda à Pépin-le-Bref ; les maîtres que Charlemagne (768-814) demanda au pape Adrien et dont l'un, **Petrus**, se rendit à Metz, tandis que l'autre, **Romanus**, resta, malade, à St-Gall et y déposa la précieuse copie de l'antiphonaire (790). C'est encore sous le règne de Charlemagne que des chantres de la *Schola* de Rome allèrent fonder des institutions analogues à Cambrai, Dijon, Lyon, Orléans, Soissons, et, vers la même époque, à Einsiedeln, Fulda, Mayence, Ratisbonne, Reichenau, Trèves, etc.

…. A. Schubiger, *Die Sän…rchule St-Gallens, vom VIII. … XII. Jahrh.* (Einsiedeln, …8).

Il paraît probable que chacune de ces institutions reçut une copie, tantôt incomplète, tantôt, au contraire, amplifiée de l'antiphonaire ; cependant, il ne nous en est parvenu qu'un très petit nombre. Quelques-uns de ces manuscrits (manuscrit d'Einsiedeln, etc.) sont particulièrement intéressants, par la présence de **lettres** dites **romaniennes** (du nom de Romanus, à qui la tradition les attribue). Le rôle de ces lettres, latines ou grecques, placées en manière de « clefs », au début des fragments neumés, consiste évidemment à fixer la hauteur absolue du son représenté par la forme neumatique la plus simple (*punctum*, *virga*). C'est là le premier pas vers une notation dans laquelle les rapports d'élévation des sons seront fixés d'une manière tout à fait exacte.

LETTRES ROMANIENNES.

Ces lettres romaniennes ne passèrent guère dans la pratique, malgré la satisfaction que devaient éprouver les chantres à l'idée d'une amélioration du système de notation. La tâche des chanteurs ecclésiastiques devenait en effet plus délicate, à mesure que les mélodies ambrosiennes et grégoriennes, primitivement rythmées, se transformaient en plain-chant. Car, s'il est vrai que le texte peut faciliter la mémorisation, celle-ci devenait presque impossible dans les longues vocalises de l'*Alleluia* ou d'autres parties analogues du plain-chant. Ce simple fait suggéra à certain moine du couvent de Gimède l'idée d'adapter un texte spécial à chacune de ces vocalises; — et l'idée, reprise, ingénieusement réalisée dans l'école de St-Gall, donna naissance à une nouvelle forme musicale, la **séquence** (du latin *sequentia* = appendice), appelée aussi **prose,** par le fait que le texte des premières séquences était en vulgaire prose.

SÉQUENCES.

K. Bartsch. *Die lateinischen Sequenzen des Mittelalters, etc.* (Rostock, 1868).

Notker Balbulus (840-912 env.)

L'un des compositeurs les plus célèbres de séquences fut **Notker Balbulus**, c.-à-d. **le Bègue,** moine du couvent de St-Gall, qui vécut de 840 à 912 environ et écrivit les séquences les plus anciennes qui nous aient été conservées : *Laudes deo concinat orbis,* — *Media vita in morte sumus,* et plus de trente-cinq autres. Peu à peu la séquence prit une importance considérable dans l'ensemble des parties chantées du culte; tout en conservant sa double dénomination primitive, elle devint une sorte d'hymne dont le texte, en vers réguliers, était même parfois rimé. Tels, le *Stabat mater* (écrit par Jacoponus) et le *Dies iræ,* datant tous deux du XIIIe siècle, et dont les mélodies authentiques sont sans doute les dernières manifestations quelque peu importantes de la monodie médiévale.

F. Wolf, *Ueber die Lais, Sequenzen und Leiche. Ein Beitrag, etc.* (Heidelberg, 1841).
Eckardus, *In vita S. Notkeri Balbuli.*

Du **son** naît la **mélodie**

dans ses rapports déterminés, analysés par la fixation préalable de degrés moyens.

(Echelles de cinq sons, puis de sept sons.)

Ire Période : Homophonie antique et médiévale (? – Xe siècle)

a) HOMOPHONIE ANTIQUE (? – 524)

L'**Egypte**, la **Chine**, la **Palestine**, l'**Inde** et surtout la **Grèce**

sont les centres de la culture musicale antique.

GRÈCE. — Principal document de musique pratique : Hymne delphique à Apollon (IIe siècle av. J.-C.). Principaux théoriciens : Pythagore (né en 582 av. J.-C.), Aristote (mort en 322 av. J.-C.), Aristoxène, Plutarque (Ier siècle), Cl. Ptolémée, Aristide Quintilien, Gaudence, Bacchius, Théo de Smyrne, Nicomaque (IIe s.), Alypius (IIIe s.), Boèce (Rome, Ve - VIe s.).

b) MONODIE MÉDIÉVALE (Ier – Xe s.)

Musique byzantine. — St-Ambroise (333-397). — Formation du chant *dit* grégorien : 425-552, style syllabique ; 552-700, style orné. — Grégoire le Grand (590-604). — Notation neumatique. — Séquences.

Tableau synoptique N° 1

DEUXIÈME PARTIE

PÉRIODE DE LA POLYPHONIE ABSOLUE

(VIIIe siècle - XVIIe siècle).

Il paraît certain que, dès les premiers siècles de l'ère chrétienne, la pratique vocale connut la résonance simultanée de deux mélodies distinctes. Cependant la nature des premiers essais de polyphonie vocale nous est entièrement inconnue ; et l'on peut tout au plus supposer qu'ils revêtirent d'abord l'aspect de ces *pédales* dont les « bourdons » de la musette donnent, dans le domaine instrumental, un exemple typique.

M. Gerbert, *Scriptores ecclesiastici de musica sacra potissimum* (St-Blaise, 1784; 3 vol.).

E. de Coussemaker, *Scriptores de musica medii ævi* (Paris, 1866-1876 ; 4 vol.).

Id., *Mémoire sur Hucbald* (1841).

Dr H. Müller, *Hucbalds echte und unechte Schriften über Musik* (Leipzig, 1884).

DÉBUTS DE L'ART POLYPHONIQUE (800 env.).

Les plus anciens renseignements qui nous soient parvenus sur les débuts de l'art polyphonique ne remontent pas au-delà du IXe siècle. Le **moine d'Angoulême** (800 env.), **J. Scott Erigène** (830-890 env.), **Regino de Prüm** (m. en 915) mentionnent les premiers l'*ars organandi* et l'*organum* dont **Hucbald** — bénédictin du couvent de Saint Amand sur l'Elnon, près de Tournay, né en 840, mort en 930 ou 932 — établit les règles précises, à la fin du IXe et dans les premières années du Xe siècle.

Organum. Hucbald (840-930 ou 932).

Scott Erigène (*De divisione naturæ*) définit l'**organum**, d'une manière toute générale, comme la résonance simultanée de voix qui sont tantôt séparées par un grand intervalle, tantôt confondues sur un seul et même degré, suivant les particularités inhérentes à chaque mode ecclésiastique. Hucbald, par contre (*De harmonica institutione* [écrit vers 880], *Musica enchiriadis* [écrit vers 920]), dans un désir évident de spécifier davantage, classe les différentes formes possibles de l'*organum*, et établit tout d'abord deux grandes catégories distinctes,

H. Riemann, *Geschichte der Musiktheorie v. IX-XIX. Jahrh.* (Leipzig, 1898).

Cf. la trad. all. de *Musica enchiriadis*, par R. Schlecht, (*Monatshefte für M.-G.*, 1874-1875).

E. de Coussemaker, *Histoire de l'harmonie au moyen-âge* (1852).

Dès lors, l'*organum*, appelé aussi *diaphonie*, apparaît tantôt sous les dehors d'un parallélisme absolu (quartes et, par le redoublement d'une des voix à l'octave, quintes parallèles), ex. :

a) *organum simple à la quarte :*

b) *organum double (quartes et quintes) :*

etc.

tantôt, comme *organum vagans* (organum libre), sous un aspect plus varié, résultant de la succession d'intervalles divers. L'*organum* parallèle s'écrit de deux à six voix (par redoublements) ; l'*organum* libre est toujours à deux voix, mais on y rencontre en plus de l'octave, de la quinte et de la quarte — *symphoniæ*, consonances des Grecs —, l'unisson, la seconde et la tierce.

Systèmes de notation de Hucbald.

Cf. l'étude de Ph. Spitta, dans *Vierteljahrsschrift für M.-W.* (1889 et 1890).

Hucbald ne se borna pas à formuler les lois de la polyphonie primitive. Il imagina deux systèmes de notation destinés, dans l'idée de leur auteur, à supplanter les neumes dont tous les musiciens déploraient le manque de précision. L'un — la *notation* dite du *Dasia*, d'après le nom du signe qui en était l'élément fondamental — repose encore sur les principes musicaux des Grecs (tétracorde). L'autre consiste en une série de lignes parallèles, horizontales, représentant chacune un intervalle de ton ou de demi-ton, suivant la lettre dont elle est précédée (*t* = *tonus*, ton ; *s* = *semitonus*, demi-ton) ; les syllabes du texte sont disposées entre les lignes, en sorte que les intervalles de la mélodie se trouvent par là-même exactement déterminés. En dépit de leur ingéniosité, ces systèmes de notation ne passèrent ni l'un ni l'autre dans la pratique musicale ; mais l'emploi de lignes horizontales suggéra sans doute à quelque scribe l'idée de fixer la signification des neumes, en disposant ces derniers sur une ou deux lignes (lignes de *fa* et d'*ut*).

Un contemporain de Hucbald, **Odon de Clugny**, compte également parmi les théoriciens les plus notables de ce temps. Chanoine et chantre à Tours, à partir de 899, il mourut à Clugny le 18 novembre 942. Odon de Clugny est l'auteur de plusieurs traités musicaux. Ce fut lui qui, après avoir déplacé d'une tierce la signification des lettres A à G (primitivement : *ut* à *si* ; dès lors : *la* à *sol*), adopta le *gamma*, Γ, pour le son le plus grave de l'échelle tonale (au-dessous de A) et imagina les deux formes du B, — ♮ *quadratum* (*si* naturel) et ♭ *rotundum* (*si* bémol).

M. Falchi, *Studi su Guido Monaco* (1882).

Cf. l'essai de Dom G. Morin, dans la *Revue de l'Art chrétien* (1888, III).

Guy d'Arezzo (995 env. — 1050).

Restées presque stationnaires pendant trois quarts de siècle, la science et la pratique musicales prirent un nouvel essor, grâce à l'activité géniale d'un moine bénédictin, **Guy d'Arezzo** (Guido Aretinus). Guy, né vers 995, dans les environs de Paris, fut élevé dans le couvent de St Maur-des-Fossés, d'où il se rendit à Pomposa, près de Ferrare, puis à Arezzo. En 1029, il devint prieur du couvent d'Avellano où il mourut le 17 mai 1050 (?). Déjà de son vivant, Guy d'Arezzo jouit d'une grande renommée, si bien que le pape Jean XIX l'appela à Rome, en 1025, et se fit exposer ses ingénieuses innovations dans le domaine de la pratique musicale. Son ouvrage le plus important est le *Micrologus de disciplina artis musicæ.*

Cf. la trad. all. du *Micrologus*, par Hermesdorff (Trèves, 1870).

Syllabes de solmisation.

Délivrant la musique occidentale des liens de la théorie grecque, Guy établissait son système sur l'octave ; toutefois ce fut lui qui, par l'emploi de syllabes conventionnelles désignant chacune un des six premiers degrés de l'échelle naturelle, posa les premières bases de la *solmisation* par hexacordes (voir plus loin). Les syllabes furent empruntées à une hymne à St-Jean :

Ut *queant laxis*
Re*sonare fibris*
Mi*ra gestorum*
Fa*muli tuorum,*
Sol*ve polluti*
La*bii reatum,*
S*ancte* **I***ohannes.*

(N. B. — Chaque syllabe représentait non pas un son, mais l'un des six premiers degrés d'une gamme établie de manière à ce que le demi-ton soit entre *mi* et *fa*. Le septième degré ne reçut de dénomination définitive que beaucoup plus tard, et la syllabe *si* [initiales de *Sancte Johannes*] ne fut adoptée que le jour où, au début du XVIIIme siècle, chacune des syllabes existantes prit une signification sonore précise).

Dans le domaine de la notation musicale, Guy fut aussi un novateur de grand mérite. Il disposa les neumes (ou parfois, dans ses traités, les lettres de la notation alphabétique) sur un groupe de lignes parallèles, superposées, auxquelles il donna, le premier, la signification que la « portée » a conservée jusqu'à nos jours. Après avoir intercalé entre les lignes de *fa* (rouge) et d'*ut* (jaune) une ligne noire pour le *la*, Guy ajouta une quatrième ligne tantôt au-dessus (*mi*), tantôt au-dessous (*ré*) du premier groupe, suivant l'étendue de la mélodie à noter ; il avait de la sorte : *La « portée ».*

mi ———		*ut* ———
ut ———	ou	*la* ———
la ———		*fa* ———
fa ———		*ré* ———

La valeur de cette portée était déterminée par une *clef* (lettre romanienne), ainsi qu'on peut le voir dans les exemples de la *Pl. III*, notés en système guidonien.

Enfin, comme la plupart des musiciens de son temps, Guy d'Arezzo condamna le parallélisme absolu de l'***organum*** décrit par Hucbald, et contribua de la sorte (théorie de l'*occursus*) au développement de la musique polyphonique.

Les principaux contemporains et les continuateurs immédiats de Guy furent :

CONTEMPORAINS ET CONTINUATEURS de Guy d'Arezzo.

W. Brambach, *Die Reichenauer Sängerschule* (1888).

Bernon, abbé de Reichenau à partir de 1008, mort en 1048, auteur de quelques traités musicaux intéressants.

W. Brambach, *Hermanni Contracti musica* (1884).

Hermann Contract, né à Sulgau (Souabe) en 1013, mort près de Biberach en 1054 ; inventeur d'un système de notation spécial, dans lequel des lettres indiquaient l'intervalle séparant un son du son suivant ; auteur de plusieurs traités sur la musique.

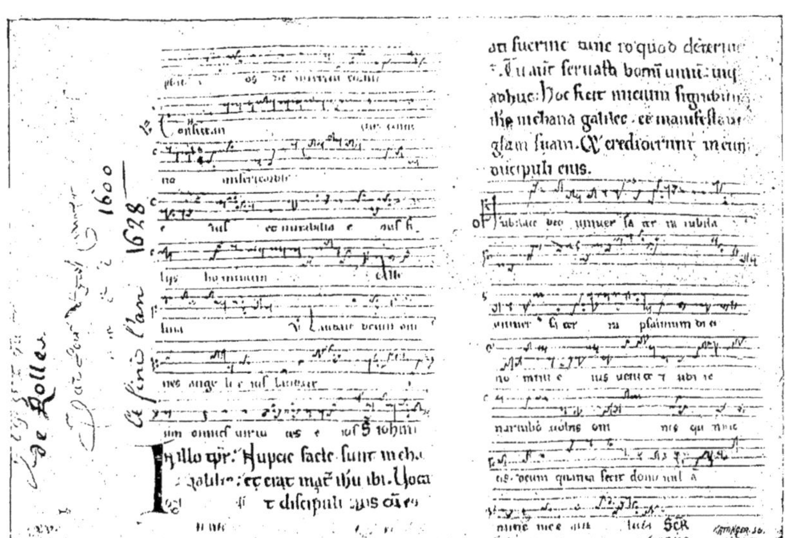

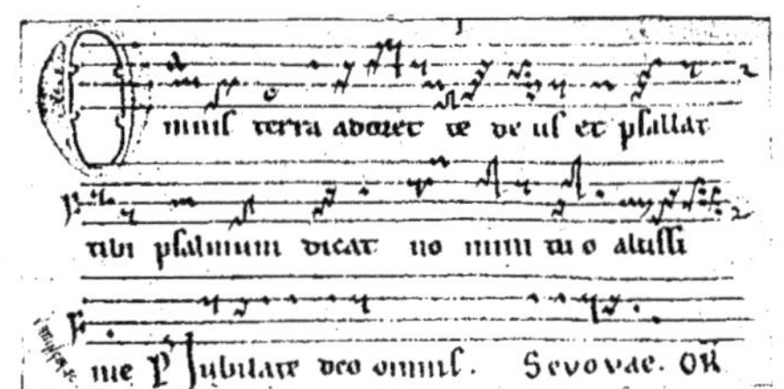

Fragments de missel retrouvés dans les archives de Rolle (Suisse) par M. Alfred Millioud

Photographies de M. Paul Vionnet (Lausanne).

NOTATION NEUMATIQUE GUIDONIENNE

(Voir p. 44 des « Notes »)

Aribon l'écolâtre, vivant vers 1078; commentateur, dans son *De musica*, des ouvrages de Guy d'Arezzo.

Dr H. Muller, *Wilhelm von Hirschau* (1883).

Guillaume de Hirschau, en Bavière, mort en 1091.

Notker Labeo, moine du couvent de St-Gall; etc.

Musique populaire.

En dépit du mépris que les musiciens professèrent, pendant nombre de siècles, pour la *musique populaire*, celle-ci se développa avec une vigueur et une spontanéité remarquables. Simples chansons de travail ou de plaisir, complaintes naïves, gracieuses improvisations des troubadours et des trouvères, — tout un trésor de mélodies s'élabora, qui devaient plus tard infuser un sang nouveau à l'art musical menacé de dégénérescence par l'excès de la polyphonie scolastique. Mais, pour que l'œuvre d'art puisse s'assimiler des éléments populaires, il est indispensable que sa technique ait atteint un certain degré de perfection. La plupart des maîtres, du XIIme au XVme siècle environ, poursuivirent uniquement ce but et parvinrent à sa réalisation par des procédés purement mécaniques, sous l'empire constant de la théorie.

Pour bien comprendre le caractère spécial des premières formes de la polyphonie vocale, il importe de savoir que les règles en furent établies pour des *chantres* (non pas pour des compositeurs) qui, le plus souvent, exécutaient à deux parties, d'après leurs indications, la musique liturgique dont la mélodie seule était notée (*chant sur le livre*).

Cf. H. Riemann, *Geschichte der Musiktheorie*, p. 97 et suiv.

DÉCHANT.

C'est en France surtout que — sous l'influence de la pratique musicale du Nord (**Gymel**) — l'*organum* se perfectionne. Dès le XIIme siècle, il prit le nom de **déchant** (*discantus*) et s'émancipa rapidement du formalisme étroit et rigide de l'école hucbaldienne.

Théoriciens et déchanteurs participèrent à cette nouvelle évolution du style vocal, en classant tout d'abord les intervalles musicaux, puis en réglant leur emploi dans le déchant à deux voix. Au-dessus d'une partie donnée, appelée *ténor* (du latin *tenere* : tenir), on disposait la seconde voix, en tenant compte des règles suivantes : le premier et le dernier intervalles formés par les voix superposées doivent être des consonances parfaites (unisson, octave, quinte); deux consonances parfaites de même nom ne peuvent se succéder immédiatement; toute dissonance doit se résoudre sur une consonance parfaite ou imparfaite (tierces et sixtes majeures et mineures); le mouvement contraire est considéré comme le meilleur.

Ces mêmes règles, avec plus ou moins de licences, furent appliquées au déchant à trois (*triplum*) et à quatre voix (*quadruplum*), dans lequel les voix étaient établies une à une, dans leurs rapports avec le ténor. Enfin, à mesure que le déchant devenait plus compliqué et plus intéressant, on comprit la nécessité de le noter. On eut recours alors à un système de notation dans lequel les *durées* relatives des sons étaient indiquées par la forme des notes et par la place qu'occupaient celles-ci les unes par rapport aux autres.

G. Jacobsthal, *Die Mensuralnotenschrift des XII. und XIII. Jahrhunderts* (1871).

H. Riemann, *Studien zur Geschichte der Notenschrift* (1878).

Bernouilli, *Die Choralnotenschrift bei Hymnen und Sequenzen* (1898).

Notation proportionnelle.

La **notation** dite **proportionnelle** est issue d'une part des principes de la métrique antique, d'autre part des neumes perfectionnés par Guy d'Arezzo, et qui, peu à peu, s'étaient transformés en NOTATION CARRÉE (ou *notation chorale*) à partir du XIIe siècle (voir Pl. IV). Du XIIe au XVIe siècle, le système proportionnel se développa graduellement, gagnant toujours en précision et en netteté, et forma la base solide de notre notation occidentale actuelle. L'étude de cette évolution ne saurait rentrer dans le cadre de nos « notes », pas plus que l'énumération des règles, fort nombreuses, établissant la valeur de chaque signe. Nous nous contenterons de donner un tableau des principaux signes utilisés dans cette notation et que l'on disposait sur une *portée* de cinq lignes :

(Notation carrée.)

Maxime. *Longue.* *Brève.* *Semibrève.* *Minime.*

Chacun de ces signes valait normalement trois fois le signe suivant (*Tempus perfectum*); mais il pouvait aussi, sous certaines conditions, ne le valoir que deux fois (*Tempus imperfectum*). Ceci donnait lieu à des combinaisons très

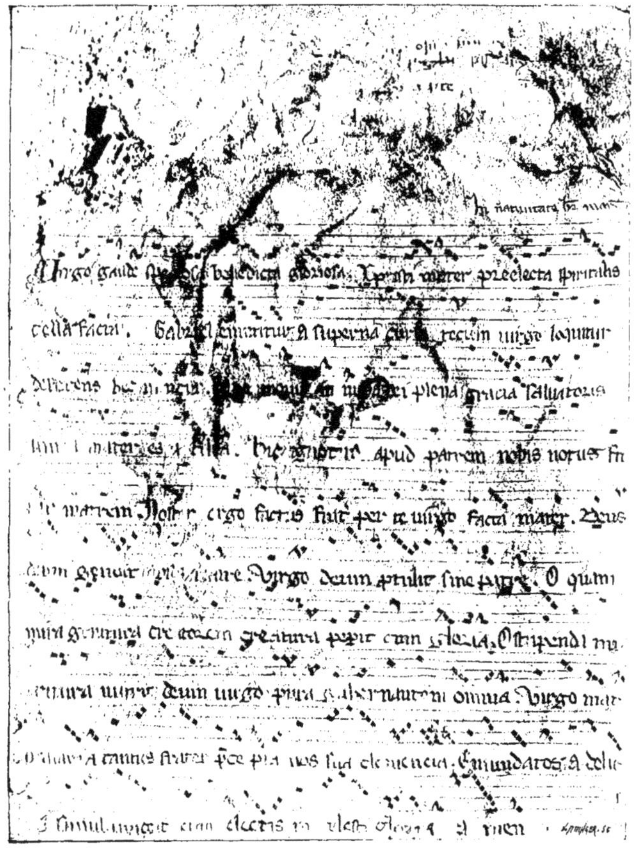

Fragment de missel retrouvé dans les archives de Villeneuve (Suisse) par M. Alfred Millioud

Photographie de M. Paul Vionnet (Lausanne).

NOTATION CARRÉE

Période intermédiaire entre les neumes et la notation proportionnelle

(Voir p. 46 des « Notes »)

variées que complique encore l'usage des *ligatures*, toutes les fois que plusieurs notes doivent être chantées sur une seule syllabe :

Ligatura recta. *Ligatura obliqua.*

et celui de la *plique*, empruntée directement à la notation neumatique, pour désigner l'appogiature inférieure ou supérieure :

Plica ascendens. *Plica descendens.*

Cet ensemble de signes fut employé jusqu'au début du XVe siècle, époque à laquelle les *notes noires* (pleines) furent presque toutes remplacées par des *notes blanches* (évidées), et prirent la division binaire comme base normale de leurs rapports de durée.

Les principales formes du déchant.

La notation, à son tour, devait exercer une influence décisive sur les progrès de la polyphonie, en fixant nettement les formes du déchant. On voit surgir, à côté de l'*organum* libre et de la diaphonie (désignations adoptées pour le déchant varié, écrit sur un ténor formé de quelques notes longuement tenues), la **copule** (d'allure plus vive), le **motet** (généralement à trois voix, sur un ténor grégorien ou populaire), le **conduit** (basé sur un ténor original), le **hoquet** (caractérisé par la fréquence des silences, tour à tour dans chaque voix), le **rondeau vocal** (dont les éléments mélodiques peuvent se superposer à volonté les uns aux autres), etc.

Guido Adler, *Studie zur* [Ge]*schichte der Harmonie* [18]81).

Cf. H. Riemann, *Geschichte* [der] *Musiktheorie*, p. 141 et [s]*.

Faux-bourdon.

A côté de ces formes d'une polyphonie bien caractérisée, nous trouvons encore, pendant plusieurs siècles, un procédé d'exécution du plain-chant à trois voix parallèles : le **faux-bourdon.** Probablement d'origine anglaise, le faux-bourdon se lisait, au dire de L. Power et de Chilston (vers 1375), de trois façons différentes, — les trois *sights ;* cependant le plus répandu de ces *sights* consistait à lire la voix inférieure une octave au-dessus de sa notation réelle et donnait au faux-bourdon sa forme traditionnelle. Ex. :

Notation :

Contratenor
Tenor
Discantus

Exécution :

Discantus
Contratenor
Tenor

Mais toute la période dont nous nous occupons (XIIe-XVIe siècles) est caractérisée surtout par l'abîme qui se creuse, toujours plus profond, entre la théorie et la pratique de l'art musical. Le fameux système de **solmisation** qui se répandit sur l'Europe entière et trouva des adeptes jusque dans les premières années du XVIIIe siècle, est l'une des meilleures preuves de ce que nous avançons. SOLMISATION.

Tandis que, depuis longtemps, la pratique musicale était basée sur l'octave, les théoriciens et les pédagogues imaginèrent, pour l'enseignement du chant comme pour l'explication de certaines règles de l'écriture polyphonique, un système reposant entièrement sur l'*hexacorde*, ou groupe de six sons disposés par ordre diatonique. Comme nous l'avons vu (p. 41), Guy d'Arezzo fut l'initiateur de ce système, mais ses successeurs y apportèrent de nombreux « perfectionnements », en sorte qu'il ne revêtit guère sa forme définitive que dans la seconde moitié du XIIIe siècle.

L'ensemble du domaine sonore musical était réparti en sept hexacordes, empiétant les uns sur les autres et commençant alternativement sur les « sons » *sol*, *ut* et *fa*, à partir desquels on disposait les syllabes guidoniennes : *ut*, *ré*, *mi*, *fa*, *sol*, *la*. Grâce à l'adoption, déjà ancienne, du *si*♭ et du *si*♮ (B et H; *b molle* et *b durum*), dans l'échelle naturelle, on avait toujours le demi-ton entre *mi* et *fa*. Mais l'hexacorde était dit *hexacordum naturale*, *molle* ou *durum*, suivant qu'il commençait sur *ut* (pas de *si*), *fa* (avec *si*♭) ou *sol* (avec *si*♮). Chaque son portait un nom (syllabe) différent, selon qu'il appartenait à tel ou tel hexacorde; lorsque la mélodie passait d'un hexacorde à un autre, les sons changeaient de nom, — il y avait *muance*.

La théorie des muances, qui sont au nombre de 52, est l'une des parties les plus compliquées du système de solmisation; elle devait accaparer à elle seule presque toute *Muances.*

l'attention de l'élève. Aussi chercha-t-on de bonne heure à faciliter du moins la mémorisation du mécanisme fondamental de tout ce système, par l'élaboration de tables de solmisation. Ces tables sont connues sous le nom de *mains harmoniques* ou *guidoniennes*, par le fait qu'elles revêtent la forme d'une main. Chaque phalange et chaque extrémité de doigt devenait le siège d'un son et portait en même temps la syllabe de solmisation correspondante, en sorte que, avec quelque exercice, le musicien parvenait à avoir le système complet (20 sons, dont un « flottant » au-dessus du troisième doigt) toujours présent à l'esprit.

Main harmonique.

Après avoir examiné sommairement les principaux éléments de la musique du XIIe au XIVe siècle — déchant, notation proportionnelle, solmisation — il nous reste à énumérer les théoriciens auxquels l'art est redevable des progrès réalisés pendant cette période. Ce sont, par ordre chronologique :

PRINCIPAUX THÉORICIENS DU XIIe AU XIVe SIÈCLE.

Cf. Gerbert, *Scriptores, etc.*, II.

Jean Cotton, théoricien anglais (XIe-XIIe siècle), dont l'*Epistola ad Fulgentium* renferme des indications précieuses sur la transformation de l'*organum* en déchant.

Cf. de Coussemaker, *Histoire de l'harmonie au moyen-âge*, p. 225.

Guy de Châlis, moine du couvent de Châlis, en Bourgogne (vers 1175); auteur de deux traités dont l'un, particulièrement intéressant, sur le déchant par mouvement contraire (*Discantus ascendit duas voces*).

Cf. de Coussemaker, *Scriptores, etc.*, I.

Jean de Garlande, né en Angleterre vers 1190, fondateur d'une école de musique, à Paris, où il avait fait ses études à partir de 1210, fut nommé, en 1229, magister à l'université de Toulouse, puis rentra à Paris en 1232. J. de Garlande est un des plus anciens théoriciens de la notation proportionnelle (*De musica mensurabili*).

Cf. Gerbert, *Scriptores, etc.*, III, et de Coussemaker, *Scriptores, etc.*, I.

Francon de Paris / **Francon de Cologne** } deux musiciens, souvent confondus, de la première moitié du XIIIe siècle; auteurs de dissertations importantes sur la musique proportionnelle : *Ars cantus mensurabilis* de Francon de Paris, évidemment antérieur au *Compendium discantus* qui commence par ces mots : *Ego Franco de Colonia* (cf. Riemann, *Geschichte der Musiktheorie*, p. 114 et suiv.).

Cf. de Coussemaker, *Scriptores, etc.*, I.

Hiéronyme de Moravie, dominicain du couvent de la rue St-Jacques, à Paris, vers 1250, auteur d'une compilation des plus anciens traités de déchant.

Cf. de Coussemaker, *Scriptores, etc.*, I.

Walter Odington, moine bénédictin d'Evesham (m. après 1316), dont le traité *De speculatione musices* a paru vers 1280.

Aristote, pseudonyme d'un écrivain du XIIIme siècle, auteur d'un traité : *Musica quadrata seu mensurata*, faussement attribué à Bède le Vénérable.

Cf. Gerbert, *Scriptores, etc.*, III.

Elias Salomonis, prêtre à St-Astère, dans le Périgord, vers 1274, auteur d'un ouvrage intitulé *Scientia artis musicæ*, dédié au pape Grégoire X.

Cf. Gerbert, *Scriptores, etc.*, II.

Englebert d'Admont, abbé bénédictin, mort à Admont en 1331, a écrit un traité *De musica*.

Cf. Gerbert, *Scriptores, etc.*, III.

Marchettus de Padoue, savant du XIIIme-XIVme siècle, dont les deux ouvrages : *Lucidarium in arte musicæ planæ* (1274) et *Pomerium musicæ mensuratæ* (1309), sont du plus haut intérêt.

R. Hirschfeld, *Joh. de Muris* (1884 ; dissertation).
Cf. Gerbert, *Scriptores, etc.*, III.
Cf. de Coussemaker, *Scriptores, etc.*, II (seulement les livres 6 et 7 du *Speculum*).

Jean de Muris (*Normannus*), professeur de mathématiques à Oxford; auteur de deux ouvrages importants : *Summa magistri Johannis de Muris* (1321 env.) et *Speculum musicæ* (traité considérable comprenant sept livres, écrit de 1340 à 1350).

Cf. Gerbert, *Scriptores, etc.*, III.

Jean de Muris de Francia (dit aussi *Julianus*), autrefois confondu avec le premier, fut professeur (1321), puis recteur (1350) de la Sorbonne, à Paris. Il a propagé et défendu, dans toute une série de traités, l'*ars nova* (contrepoint) de son ami Ph. de Vitry.

Philippe de Vitry, né vers 1290, m. en 1361. Il semblerait, d'après les dernières recherches, que ce maître n'a point écrit lui-même d'ouvrage théorique, mais que ses compositions musicales ont servi de base à toute l'argumentation des théoriciens contemporains.

Compositeurs.

Quelques-uns de ces théoriciens furent en même temps d'habiles compositeurs de déchant; tels, J. de Garlande, les deux Francon, W. Odington, Aristote et principalement, comme nous venons de le faire remarquer, Ph. de Vitry. Enfin, les plus anciens maîtres dont les noms et quelques œuvres nous aient été conservés, appartiennent à cette même époque (XIIme-XIVme siècles); ils sont groupés par les historiens sous le nom d'ANCIENNE ÉCOLE FRANÇAISE. Ce sont :

ANCIENNE ÉCOLE FRANÇAISE (1200-1350 env.).

Léonin / **Pérotin** } organistes à Notre-Dame de Paris, au XIIme siècle.

R. Meienreis, *A. de la Hale* (1893).
Cf. de Coussemaker, *Œuvres complètes du trouvère A. de la Hale, etc.* (1872) et J. Tiersot, *Sur le Jeu de Robin et Marion* (1897).

Adam de la Hale, dit le *Bossu d'Arras*, né à Arras vers 1240, m. à Naples en 1287. Trouvère et contrapuntiste de génie, auteur d'un certain nombre de « jeux » (sortes de petits opéras comiques) : *Le Jeu de Robin et de Marion*, *Le Jeu d'Adam*, *Le Jeu du Pèlerin*, etc., puis de quelques motets, de rondeaux et de chansons.

Guillaume de Machault, né vers 1284, m. en 1369 environ, alors qu'il était au service de Charles-Quint. On possède de lui des chansons, des ballades, des rondeaux et une messe à quatre voix.

Lescurel (XIVme siècle), auteur d'un petit nombre d'œuvres polyphoniques.

Cf. de Coussemaker, *L'art harmonique aux XIIme et XIIIme siècles* (1865).

Une quantité d'œuvres de cette même période encore sont anonymes; elles n'en forment pas moins des documents très précieux. A lui seul, le célèbre manuscrit de la Faculté de médecine de Montpellier renferme 340 morceaux de déchant, dont de Coussemaker a publié d'importants fragments.

Manuscrit de Montpellier.

L'*art* musical

Les éléments d'un *art* véritable se trouvaient dès lors réunis. Ce furent particulièrement les Néerlandais qui, du XVme au XVIIme siècle, donnèrent à cet art ses formules à la fois diverses, parfaites et définitives; et ce furent eux aussi qui contribuèrent le plus à le répandre dans l'Europe entière.

Toute cette grande époque de la musique vocale est caractérisée par l'emploi exclusif d'une **polyphonie** résultant de procédés d'écriture aussi ingénieux que variés; par l'usage d'une **notation proportionnelle perfectionnée;** par l'adoption de **formes musicales** bien définies; enfin par la diffusion plus rapide des œuvres, grâce à l'invention de la **typographie musicale.**

L'ÉCRITURE POLYPHONIQUE.

Trois siècles de polyphonie vocale nous montrent la musique *a cappella* se développant graduellement jusqu'au plus haut degré de perfection. L'écriture polyphonique est toujours basée sur un *ténor*, liturgique ou profane (rarement original), autour duquel d'autres voix — deux, trois, quatre, cinq, sept ou plus — se superposent, s'entrelacent ou se répondent. Le *contrepoint* — dénomination adoptée dès le XIVme siècle, comme synonyme de déchant, puis dans un sens plus général — simple et note contre note avait depuis longtemps cédé la place au contrepoint orné; il devient double, triple, quadruple. L'écriture en *imitations*, déjà connue au XIIIme siècle, revêt des formes de plus en plus compliquées, dans les œuvres des contrapuntistes du XVme et du XVIme siècles. Le *canon*, enfin — qui portait alors le nom de *fuga* — apparaît sous les aspects les plus divers : simple, à différents intervalles, par augmentation, par diminution, rétrograde, etc.

LA NOTATION.

Cf. *The musical notation of the middle ages* (Breitkopf et Hærtel, Leipzig).

L'exactitude de la notation devenait une nécessité, en face de la complication croissante de l'écriture musicale, aussi la notation proportionnelle ne cesse-t-elle d'évoluer jusqu'à ce qu'elle ait obtenu un degré de précision insurpassable. Dès le milieu du XVme siècle, le nombre des signes fut notablement augmenté, et l'on eut :

Maxime	Longue	Brève	Semibrève
Minime	Semiminime (… ou …)	Fusa (… ou …)	Semifusa (… ou …)

La valeur relative de chacun de ces signes était indiquée au moyen d'autres signes spéciaux placés au début de la portée, et dont les principaux sont :

○ *Tempus perfectum*, c.-à-d. brève (unité de temps) ternaire, les autres notes binaires.

C *Tempus imperfectum*, dans lequel toutes les notes sont binaires.

⊙ } *Tempus perfectum* et *imperfectum* avec *Prolatio*,
Ͼ } c.-à-d. avec semibrève ternaire (= trois minimes), etc., etc.

Avec toutes ces combinaisons, auxquelles on en ajoutait encore nombre d'autres, telles que la valeur ternaire de la maxime (*Modus major*), de la longue (*Modus minor*), etc.; avec, en outre, certaines indications de mouvement (*proportiones*), la durée normale (*integer valor*) de l'unité de temps pouvant être doublée (ϕ, ¢, ϕ, etc.), triplée (O3, etc.), quadruplée ou, au contraire, réduite (O $^1/_2$, O $^1/_3$, etc.), on avait un système de notation capable de fixer l'œuvre la plus compliquée. Mais ces progrès eussent été presque vains, si l'invention récente de l'imprimerie typographique n'avait permis de répandre assez rapidement les œuvres nouvelles. Ce furent :

LA TYPOGRAPHIE MUSICALE.

H. Riemann, *Notenschrift und Notendruck* (1896).

W. Barclay-Squire, *Notes on early music printing* (1896).

Jörg Reyser (1481), à Würzbourg et, presque en même temps,

Octavianus Scotus, à Venise, qui, les premiers, adoptèrent les procédés de la typographie (avec double tirage : les lignes de la portée puis les notes) pour l'impression de missels complets. Ils eurent de fort habiles continuateurs, dont les principaux sont :

J. Petri, à Bâle, vers 1491.

A. Schmid, *O. dei Petrucci* (1845).

D.-A. Vernarecci, *O. dei Petrucci* (1882, 2me éd.).

Ottaviano dei Petrucci, né à Fossombrone (Etats de l'Eglise) en 1466, m. dans la même localité en 1539; le plus ancien imprimeur de musique proportionnelle au moyen de caractères métalliques mobiles (mais encore avec tirage double), obtint en 1498 un privilège de la république de Venise, pour l'impression d'ouvrages de musique.

Erhard Œglin, à Augsbourg, vers 1507.

P. Schöffer, fils du célèbre imprimeur et, lui-même, imprimeur de musique vers 1512, à Mayence, puis à Worms et à Strasbourg.

P. Hautin, le premier fondeur de caractères pour l'impression musicale à tirage simple, chaque caractère de note portant en même temps les fragments de portée adjacents. Sortis de ses ateliers en 1525, les premiers poinçons furent employés par

P. Attaignant, imprimeur à Paris, de 1526 à 1550.

Dès lors, le nombre des imprimeurs de musique augmenta très rapidement; nous ne pouvons que noter les plus célèbres d'entre eux. En France : **J. Moderne** (Lyon, vers 1532), la famille **Ballard** (de 1558 jusque vers le milieu du XVIIIme siècle), etc.; en Italie : **Antonio Gardano** (1536-1571) et ses fils; dans les Pays-Bas : **Chr. Plantin** et **Tylman Susato** (Anvers), **P. Phalèse** (Louvain) au XVIme siècle, etc.; en Allemagne : **Formschneider** et **J. Ott** (privilégiés à Nuremberg, en 1533), etc.; en Angleterre : **John Day** et **Th. Este**, tous deux au XVIme siècle encore, etc., etc.

En dépit de leur multitude, les œuvres musicales publiées par ces imprimeurs-éditeurs se laissent ramener, au point de vue de la forme, à quelques types fondamentaux seulement :

LES FORMES MUSICALES. *Motet.*

le MOTET, court morceau de musique vocale sur un texte religieux (les récits des Evangiles, toute l'hagiographie, les psaumes de David, le Cantique des cantiques, etc., tout fut mis à contribution) et basé généralement sur des motifs de plain-chant;

Chanson.

la CHANSON POLYPHONIQUE profane, de structure relativement simple, basée sur une mélodie populaire que chante le ténor ou, parfois, l'alto (très exceptionnellement le soprano);

Messe.

la MESSE (chorale), la plus importante des formes musicales utilisées par les maîtres de la période vocale. La messe comporte cinq parties essentielles que le premier mot du texte de chacune d'elles sert à dénommer : *Kyrie*, *Gloria*, *Credo*, *Sanctus* (avec une subdivision spéciale : *Benedictus*), *Agnus dei*. Mais les Néerlandais, qui portèrent cet ensemble musical complexe à un très haut degré de perfection, lui donnèrent une unité réelle, en maintenant à travers les cinq parties un seul et même thème fondamental. Ce thème donne son nom à la messe; il est tantôt liturgique (*Missa Assumpta est Maria in cœlum; Missa Tu es Petrus; Missa dilexi quoniam;* etc.), tantôt profane (*Missa « Adieu mes amours »; Missa « l'omme armé »; Missa Fortuna desperata;* etc.), tantôt enfin, mais plus rarement, original, auquel cas la messe est dite *Missa sine nomine* et désignée par son mode (*Missa primi toni;* etc.) ou par les premières notes de son thème (*Missa la sol fa ré mi;* etc.).

LES PAYS-BAS.

Pendant près de deux siècles, avons-nous dit, ce furent les PAYS-BAS qui marchèrent à la tête du mouvement musical européen. Chantres et compositeurs néerlandais occupèrent, au XVme et au XVIme siècles, la plupart des situations en vue; et c'est à peine si, avant leur passage, on trouve à signaler quelque musicien de valeur, en France (ancienne école française, v. p. 51), en Italie (**Francesco Landino,** né à Florence vers 1325, mort dans la même ville en 1390; organiste et compositeur de grand mérite) et en Angleterre (**John Dunstable,** mort en 1453, auteur d'œuvres polyphoniques profanes et religieuses).

La grande période néerlandaise comprend deux groupes successifs, dont le premier, l'Ecole gallo-belge, sert de trait d'union entre l'ancienne école française et l'Ecole néerlandaise proprement dite. Les principaux compositeurs de l'ECOLE GALLO-BELGE sont:

ECOLE GALLO-BELGE (1350-1500 env.).

Cf. l'étude de Joh. Wolf, dans le *Kirchenmusikalisches Jahrbuch f. 1899.*

Henri de Zeelandia, né vers 1350, plus théoricien (*De musica*) que contrapuntiste.

Gilles Binchois, né à Bins, dans le Hainaut, vers 1400, second chapelain à la cour de Bourgogne dès 1452, mort à Lille en 1460; auteur de nombreuses œuvres polyphoniques et, plus particulièrement, de chansons à trois voix.

Guillaume Dufay (1400-1474).

Fr.-X. Haberl, *Bausteine f. Musikgeschichte, I. Wilhelm du Fay,* 1885.

Cf. J. Stainer, *Dufay and his contemporaries* (1899; publication musicale).

Guillaume Dufay, né à Chimay, dans le Hainaut, vers 1400, fut enfant de chœur à la cathédrale de Cambrai, puis membre de la chapelle pontificale, à Rome, où il resta de 1428 à 1437; il vécut ensuite à la cour de Bourgogne, puis en Savoie, à Paris et enfin à Cambrai où, après avoir été nommé chanoine, il mourut en 1474. Les œuvres de Dufay, des messes et des chansons polyphoniques, sont conservées en très grand nombre; après avoir utilisé, pour leur notation, les signes pleins (notation noire), l'auteur fait usage des signes évidés (notation blanche), et assure par là-même leur adoption définitive (voir Pl. V).

Vincent Faugues (messe à trois voix); **Eloy** (messe à *cinq* voix); **Jacques Barbireau** (m. à Anvers en 1491); **Antoine Busnois** (de Busne, contrapuntiste, chantre de la chapelle de Charles le Téméraire, m. en 1481) appartiennent encore à cette ère première que viennent clore la personnalité et les œuvres de Okeghem, le premier représentant de la grande ÉCOLE NÉERLANDAISE. Comparées aux œuvres antérieures, celles de l'école néerlandaise se distinguent par une polyphonie infiniment plus libre, plus souple, plus vivante et plus expressive; c'est à la libération de l'expression musicale, par le perfectionnement de la technique, qu'ont travaillé tous les maîtres de cette admirable période vocale:

ÉCOLE NÉERLANDAISE (1450-1600 env.).

M. Brenet, *J. de Okeghem* (1893).

J. de Okeghem (1430-1495).

Jean de Okeghem, né vers 1430, était, à l'âge de treize ans environ, enfant de chœur à la cathédrale d'Anvers et passe pour avoir été l'élève de Dufay, vers 1450, à Cambrai. Il entra, en 1453, au service de Charles VII, à Paris, fut nommé quelques années plus tard trésorier de l'abbaye de St-Martin de Tours, mais élut domicile à Paris dès 1461, y devint maître de chapelle du roi (qui le fit voyager, en Espagne et, plus tard, dans les Pays-Bas) et mourut en 1495. Okeghem n'est pas seulement l'auteur d'un certain nombre d'œuvres remarquables (des messes, des motets, des chansons et des canons parmi lesquels un *Deo gratia* à 36 voix, en *nonuple* canon); il a formé toute une phalange d'élèves qui sont devenus les maîtres de la génération suivante: P. de la Rue, Brumel, Agricola, Compère, Josquin Deprés, etc.

Fragment d'une Stance de Pétrarque, *mise en musique par G. Dufay*

Cliché de la *Rivista musicale italiana* (Fratelli Bocca, éd.), Turin.

Notation proportionnelle

(Voir p. 56 des « Notes »)

Jacob Hobrecht (né à Bruges vers 1450, maître de chapelle dans sa ville natale puis, dès 1492, à la cathédrale d'Anvers, m. à Ferrare en 1505), **Pierre de la Rue** (chantre à la cour de Bourgogne, de 1492 à 1510), **Antoine Brumel** (qui passa, en 1505, de la cour du duc de Sora à celle d'Alphonse Ier, duc de Ferrare; messes, dont une à *douze* voix, motets, etc.), **Antoine** et **Robert de Févin, Loyset Compère** (chanoine de la cathédrale de St-Quentin, où il est mort en 1518), **Alexandre Agricola** (d'origine allemande, né vers 1446, mort probablement en 1506, en Espagne où il avait été à la suite de Philippe le Bel, en qualité de chantre et de chapelain de la cour), **Gaspard van Weerbeke** (né à Audenarde vers 1440; messes, motets, lamentations). **Carpentras** (de son vrai nom ELEAZAR GENET, né à Carpentras vers 1475, mort à Avignon où ses œuvres furent imprimées, en 1532, avec des caractères de Briard [notes arrondies; sans ligatures]), **Ghiselin, de Orto, Japart,** etc., méritent, à des titres divers, d'être mentionnés, mais le plus important parmi les maîtres qui recueillirent l'héritage de Okeghem est, sans contredit,

[...]. de Ménil, *Josquin Deprés* [...]97).

Josquin Deprés (1460-1521).

Josquin Deprés, né à Condé (Hainaut) ou à Cambrai, pas avant 1460, fut enfant de chœur à St-Quentin, élève d'Okeghem à Paris, puis membre de la chapelle pontificale, à Rome, de 1486 à 1495; il retourna ensuite à Paris, puis dans les Pays-Bas (?) et mourut à Condé, où il était devenu prévôt du chapitre de la cathédrale, le 27 août 1521. La renommée de Deprés, déjà très grande de son vivant, se justifie par la maîtrise de sa technique et par la spontanéité de son inspiration. De tous les précurseurs d'Orlandus Lassus et de Palestrina, aucun n'a écrit de musique plus expressive ni plus caractéristique; cependant il ne semble guère s'être préoccupé du texte davantage que ses contemporains, témoin l'*arbre généalogique* du Christ (!) qu'il mit en musique. Le nombre des compositions de Deprés est considérable; on a conservé de lui 32 messes, une foule de motets, des psaumes (dont un à

24 voix, réparties en *six* chœurs), des chansons, etc. Les quatre compositeurs dont les noms suivent sont ses élèves :

Adrien (Petit) **Coclicus**, né vers 1500, dans le Hainaut; auteur d'un recueil de psaumes à quatre voix et d'un traité de musique (*Compendium musices*, 1552).

Jean Mouton (de Hollingue), né probablement à Hollingue, près de Metz, fut chantre de la chapelle des rois Louis XII et François Ier de France, chanoine à Thérouanne, puis à St-Quentin où il mourut en 1522. Ses œuvres, nombreuses, offrent de frappantes analogies de style avec celles de son maître.

Cf. Ed. van der Straeten, *Charles-Quint musicien* (1894).

Nicolas Gombert, originaire de Bruges, entra vers 1530 au service de Charles-Quint, à Madrid où il vivait encore en 1556 (probablement maître de chapelle depuis 1543). Musicien des plus féconds dont les œuvres sont répandues, en plus des éditions originales, dans un grand nombre d'anthologies de l'époque.

Clément Jannequin, auteur de messes, de proverbes (de Salomon), de psaumes et surtout de chansons (*Inventions*) dans lesquelles il se révèle musicien descriptif plein de savoir-faire et d'humour. Les plus célèbres de ces chansons polyphoniques, purement vocales, sont: *La Bataille* (de Marignan), *Le caquet des femmes*, *Le chant des oiseaux*, *La chasse au lièvre*, etc., etc.

D'autres contrapuntistes notables de ce temps se rattachent tous, plus ou moins directement aux tendances d'Okeghem et de Josquin Deprés. Ce sont, principalement: **Clemens non Papa** (dénomination humoristique, imaginée pour le distinguer du pape Clément VII qui occupait alors le trône pontifical; compositeur très fécond, mort vers 1560, après avoir appartenu longtemps à la chapelle de Charles-Quint); **Benedict Ducis**; **Richafort** (maître de chapelle à Bruges vers 1540); **Philippe Verdelot**; enfin

Otto Kade, *Heinrich Isaak* (monographie).

Henri Isaac (1450-1517 env.).

Henri Isaac, d'origine néerlandaise (bien que Glarean l'appelle « il Tedesco »), né avant 1450, séjourna à Ferrare, à Florence (où il fut organiste, de 1477 à 1489 environ), puis à Rome et, enfin, à la cour de l'empereur Maximilien Ier, à Vienne, où il mourut vers 1517. Des messes et des motets, conservés en très grand nombre, ainsi qu'un *Chorale Constantinum* (Isaac vécut quelque temps à Constance, vers 1504) donnent une haute idée de ce contrapuntiste, contemporain de Deprés dont il était même l'aîné.

Michel Brenet, *Cl. Goudimel* (1898).

Cf. Henri Expert, *Les maîtres musiciens de la Renaissance française* (livr. II, IV et VI), et *Le Psautier huguenot du XVIme siècle* (1902).

Claude Goudimel (1505 env.-1572).

Claude Goudimel, né à Besançon vers 1505 et dont les premières œuvres parurent dans les grands recueils de chansons de Nicolas Duchemin, à Paris (1549-1554). Goudimel (qui, quoi qu'on en ait dit, ne fut probablement jamais en Italie) a été l'associé de l'imprimeur Duchemin, mais il vécut à Metz, à Besançon et à Lyon. On a de lui la musique de toutes les odes d'Horace, des messes, des motets, des chansons et surtout les *Psaumes*, traduits en français par Clément Marot et Théodore de Bèze. Par trois fois, il écrivit la musique de ces psaumes : 1° en 1551, puis de 1557 à 1596, en forme de motets ; 2° en 1564, édition abrégée et simplifiée, en imitations de contrepoint, avec les mélodies de Guillaume Franc et de Louis Bourgeois ; 3° en 1565, édition populaire, en contrepoint simple et note contre note. C'est par ces travaux, sans doute, que Goudimel entra en relations avec les huguenots ; il mourut victime de la St-Barthélemy, fut assassiné et jeté dans la Saône pendant les massacres de Lyon, du 28 au 31 août 1572.

LA MUSIQUE AU TEMPS DE LA RÉFORMATION.

Le choral protestant.

K. v. Winterfeld, *Der evangelische Kirchengesang* (3 vol., 1843-1847).

Si Goudimel est l'un des plus grands parmi les maîtres qui embrassèrent la religion nouvelle, ses œuvres ne sont ni les premières, ni les plus caractéristiques de celles que suscita la Réformation. En effet, bien avant que **Luther** (1483-1546) eût affiché ses quatre-vingt-quinze thèses sur la porte de l'église de Wittenberg, l'approche de la révo-

Ph. Wolfrum, *Die Entstehung und erste Entwickelung des deutschen evangelischen Kirchenliedes in musikalischer Beziehung* (1890).

lution spirituelle s'était fait sentir. En 1438, le Concile de Bâle autorisait l'église des Hussites à utiliser, dans le culte, la langue des fidèles; et, dès les premières années du XVIme siècle, les *Frères bohêmes* possédaient un recueil de chants religieux, populaires, que leur archevêque LUC publia en 1504. Vingt ans plus tard, le grand réformateur allemand entonnait, sous les voûtes du château de Wittenberg, le chant nouveau du protestantisme et rédigeait, avec Jean Walther, le premier recueil de chorals.

Le **choral** protestant emprunte sa forme à celle des vers sur lesquels il est composé; les phrases successives en sont délimitées par des points d'orgue. Quant aux sources musicales du choral, elles sont multiples; nous en citerons cinq seulement: 1° les hymnes de l'Eglise primitive et les séquences de Notker (v. p. 38), 2° les chants religieux allemands antérieurs à la Réformation, 3° la mélodie populaire profane, 4° les mélodies des Frères bohêmes, 5° les travaux originaux spécialement destinés à l'église. Parmi les musiciens qui contribuèrent le plus à enrichir le trésor du choral ou qui, les premiers, exploitèrent cette forme nouvelle dans un but artistique **(choral harmonisé, choral varié, fantaisie sur un choral)**, il convient de mentionner surtout:

Jean Walther (1495-1570).

Jean Walther, l'ami et le conseiller musical de Luther (qui, lui-même, écrivit quelques mélodies *[Ein feste Burg]*, dans lesquelles on ne saurait s'étonner de trouver de fortes réminiscences grégoriennes), né en 1496, mort à Torgau en 1570, après avoir été chantre puis maître de chapelle du prince électeur de Saxe, à Torgau et à Dresde. Le recueil de chorals de 1524 (*Geystlich Gesangk-Buchleyn*) renferme quarante-trois mélodies, le plus souvent attribuées au ténor, arrangées à quatre voix; il a été augmenté et réédité un grand nombre de fois. Walther a collaboré avec Luther à la rédaction de la MESSE ALLEMANDE; il a écrit des motets, un *Te Deum*, etc.

Louis Senfl (1486-1555 env.).

Louis Senfl, originaire de Fribourg en Brisgau, né à Zurich vers 1486, fut élève de H. Isaac puis son

Cf. *Denkmäler deutscher Tonkunst* (IIte Folge, 3. Jahrg., II. Band : *L. Senfls Werke*) 1903, avec les études de Th. Kroyer et Ad. Thürlings.

successeur à la cour de Vienne. Il devint plus tard maître de chapelle du duc Guillaume de Bavière et mourut à Munich vers 1555. Senfl est l'auteur d'une quantité d'œuvres polyphoniques, parmi lesquelles nous relèverons seulement des « chorals en manière de motets » que Luther estimait grandement.

Tandis que quelques maîtres contemporains des précédents (**Henri Finck, Thomas Stoltzer, Etienne Mahu, Paul Hofhaimer, Arnold de Bruck, L. Lemlin, Georges Rhau**) se rattachent moins directement qu'eux au mouvement de la Réforme, d'autres continuèrent les traditions de l'école du choral, tout en profitant largement des progrès techniques, avant-coureurs de la période de la mélodie accompagnée. Ce sont, entre autres :

Luc Osiander (1534-1604), prédicateur à la cour de Wurtemberg, auteur d'un recueil de chorals et de psaumes qui parut en 1586 (la mélodie y est le plus souvent *dans la partie de soprano).*

Joachim [Moller] **de Burgk**, né vers 1540, devint vers 1566 organiste à Mühlhausen, en Thuringe, et y mourut en 1610. J. de Burgk a mis en musique le récit de la *Passion* (plusieurs fois), le symbole des apôtres, le *Te Deum*, etc.

Johannes Eccard (1553-1611).

Johannes Eccard, né à Mühlhausen (Thuringe) en 1553, fut élève d'Orlandus Lassus, à Munich, puis vécut à Augsbourg et à Kœnigsberg où il mourut en 1611. Il portait, depuis 1608, le titre de maître de chapelle de la cour électorale de Berlin. Après avoir collaboré avec J. de Burgk, (*Odæ sacræ*, 1574), Eccard a écrit un grand nombre d'œuvres religieuses (*Preussische Festlieder*, publiés après sa mort, etc.) et profanes.

Bartholomæus Gesius, né vers 1555, cantor à Francfort s. l'Oder où il mourut vers 1613 ; auteur de nombreuses œuvres vocales basées sur le choral.

Sethus Calvisius (1556-1615), compositeur et théoricien ; cantor de l'église St-Thomas, à Leipzig.

Le chant dans l'Eglise réformée.

Le simple choral, en tant que chant religieux populaire, trouva aussi des défenseurs, non seulement dans l'Eglise luthérienne, mais dans l'Eglise réformée de France et de Suisse : **Ulrich Zwingli** (1484-1531), avec quelques restrictions, et **Jean Calvin** (1509-1564) qui, plus accessible aux considérations d'art, introduisit dans le culte le chant des psaumes. Mais, si l'on excepte une partie de l'œuvre de Goudimel, cette ramification du mouvement musical n'offre qu'un intérêt secondaire ; elle ne doit point nous faire perdre de vue plus longtemps les destinées de la grande école néerlandaise qui prouva sa vitalité encore, au moment même où elle allait disparaître, en créant de nouveaux centres musicaux. C'est ainsi qu'ORLANDUS LASSUS, établi à Munich, exerça une influence considérable sur l'Allemagne septentrionale ; que WILLAERT devint le fondateur de l'école vénitienne et ARCADELT l'initiateur de celle de Rome dans laquelle la période de la polyphonie absolue atteignit l'apogée de son développement artistique.

O. Douen, *Cl. Marot et le Psautier huguenot* (deux vol., 1878-1879).

E. Doumergue, *L'art dans l'œuvre de Calvin* (1903).

APOGÉE ET TRANSFORMATION DE L'ÉCOLE NÉERLANDAISE.

Orlandus Lassus (1532-1594).

Orlandus Lassus (ORLANDO DI LASSO et, probablement, de son vrai nom ROLAND DE LATTRE) est né en 1532 à Mons, dans le Hainaut. On raconte que, enfant de chœur à l'Eglise St-Nicolas, il fut volé plusieurs fois à ses parents, à cause de sa belle voix ; enfin le vice-roi de Sicile, Ferdinand Gonzague, l'emmena, avec l'assentiment de sa famille, en Sicile, puis à Milan (jusque vers 1548 ou 1550). Lassus fut ensuite, pendant trois ans, au service du marquis della Terza, puis il parcourut la France et l'Angleterre et se fixa à Anvers, où il publia (1555) son premier recueil de madrigaux à quatre voix. L'année suivante, il reçut un appel du duc Albert V de Bavière et se rendit à Munich d'abord comme membre puis, à partir de 1562, comme directeur de la célèbre chapelle ducale. Il conserva cette situation jusqu'à sa mort, survenue le 14 juin 1594 ; mais il déploya une activité si grande, tant comme directeur que comme compositeur (plus de 2000 œuvres !), que des troubles nerveux assombrirent

Delmotte, *O. Lassus* (1836).

J. Declève, *R. de Lassus, sa vie et ses œuvres* (1894).

Lassus, *Cinq lettres intimes commentées par E. van der Straeten* (1891).

Cf. Sandberger, *Beiträge z. Gesch. der bayr. Hofkapelle unter O. di Lasso* (I. 1894).

les dernières années de sa vie. Il semble que Lassus résume une dernière fois, dans son œuvre, toutes les particularités de l'école néerlandaise; ses créations sont comme une vaste et admirable synthèse de la polyphonie vocale au XVIme siècle. L'édition complète de ses œuvres (tant profanes que religieuses), commencée en 1894, comportera une soixantaine de volumes. Les catalogues de R. Eitner et de la Bibliothèque de Munich permettent de fixer approximativement le nombre des compositions de chaque catégorie; ce sont 50 messes, 100 *Magnificat*, 1200 motets, etc. Mais il convient de mettre hors pair les *Psalmi Davidis pœnitentiales*, écrits au nombre de sept (de deux à six voix) entre 1560 et 1570, et imprimés en 1584. De son vivant déjà, Lassus jouissait d'une renommée immense et s'il est vrai qu'il partage avec d'autres maîtres de son temps le titre de « prince de la musique », on imagina pour lui cet éloge qu'un jeu de mots devait graver dans la mémoire de chacun : *Hic ille est Lassus, lassum qui recreat orbem* (Celui-ci est *Lassus* qui dé*lasse* le monde *lassé*).

Cf. *Orlando di Lassos Werke, Gesammtausg.* (Breitkopf et Haertel, Leipzig.)

Cf. R. Eitner, *Monatshefte für Musikgeschichte* (années V et VI, supplément).

Parmi les musiciens de ce temps qui se rattachent plus ou moins directement à l'école néerlandaise, mais que la personnalité de Lassus et celle de l'italien Palestrina ont recouvert d'une ombre parfois imméritée, nous mentionnerons seulement **Matthieu le Maistre** (mort en 1577), **Antonio Scandelli** (1517-1580), les deux **Hollander (Jans et Christian Janszone), Philippus de Monte** (1521-1603), **Claudin Le Jeune** (1530-1604), etc., etc.

O. Kade, *Matth. le Maistre* (1862).

G. van Dorslaer, *Philippus de Monte* (1895).

ECOLE VÉNITIENNE (XVIme siècle).

Dès les premières années du XVIme siècle, Venise fut considérée comme l'un des centres du mouvement musical européen; elle le devint surtout par l'immigration de musiciens flamands, dont l'un — Adrien Willaert — a été proclamé par tous les historiens fondateur de l'ECOLE VÉNITIENNE.

Adrien Willaert (1480 env.-1562).

Adrien Willaert, né à Bruges ou à Roulers, entre 1480 et 1490, fit quelques études de droit, puis devint élève de Jean Mouton et de Josquin Deprés. Il vécut d'abord quelques années sans situation officielle, à Rome (où il était arrivé en 1516) et à Ferrare, puis il entra au service de Louis II, roi de Bohême et de Hongrie. Enfin, en 1527, le chapitre de l'église de St-Marc, à Venise, l'appela aux fonctions de maître de chapelle qu'il remplit jusqu'à sa mort, le 7 décembre 1562. A la fois compositeur, maître de chapelle et pédagogue (chant et composition), Willaert paraissait tout désigné comme futur chef d'école; il eut un grand nombre d'élèves (Cyprien de Rore, Cost. Porta, N. Vicentino, André Gabrieli, Zarlino, etc.) qui devinrent, à leur tour, les membres influents de l'école vénitienne. Ses compositions, conservées en assez grand nombre et appartenant aux genres les plus divers, offrent toutes les particularités de style qui caractériseront désormais les œuvres de ce groupe musical : la polyphonie est notablement transformée par l'emploi fréquent du DOUBLE CHŒUR (procédé suggéré à Willaert par la disposition des galeries et des orgues de l'église de St-Marc); le CHROMATISME s'implante de plus en plus dans la composition profane puis dans la composition religieuse, donnant à la fois plus de vie et une plus grande vérité à l'expression musicale; enfin, le MADRIGAL — sorte de pendant profane du motet — s'élève au rang d'œuvre d'art, après avoir été confondu pendant longtemps avec les vilanelles, les villotes et autres formes de musique populaire.

Cf. la monographie sur Willaert, par Rob. Eitner (*Monatshefte f. Musik-Gesch.*, 1887, VI et suiv.).

Le double-chœur.

Le chromatisme.

Th. Kroyer, *Die Anfänge der Chromatik im italienischen Madrigal des XVI. Jahrh.* (1901).

Le madrigal.

Ces éléments, nous les retrouvons, toujours mieux caractérisés, dans les œuvres des représentants successifs de l'école vénitienne, au sein de laquelle la musique instrumentale se développa également peu à peu, ainsi que nous le verrons plus tard. Les continuateurs les plus remarquables de l'œuvre de Willaert furent :

Cyprien de Rore, né à Anvers ou à Malines en 1516, chantre de l'église St-Marc, à Venise, puis maître de chapelle à la cour de Ferrare. De 1557 à 1559 environ, il séjourna à Anvers, mais il repartit pour l'Italie, devint second puis premier (dès 1563) maître de chapelle de St-Marc et, enfin, en 1565, maître de chapelle à Parme. Il mourut dans cette ville, l'année même de sa nomination et fut enseveli dans la cathédrale. C. de Rore a écrit non seulement de la musique d'église, mais surtout des madrigaux (*Madrigali cromatici* [5 vol.], etc., etc.) dans lesquels le chromatisme joue un rôle expressif considérable.

Ravagnan, *Elogio di Gioseffo Zarlino* (1819). A. Caffi, *Gioseffo Zarlino* (1836).

Gioseffo Zarlino, successeur de C. de Rore au poste de maître de chapelle de St-Marc, était né à Chioggia, près de Venise, en 1517; il mourut à Venise même, en 1590. Théoricien de très grande valeur (voir plus loin), initiateur du dualisme harmonique, Zarlino n'en fut pas moins un compositeur fécond, dont quelques œuvres nous sont parvenues (des motets, une messe, etc.).

Catelani, *Memorie della vita e delle opere di Claudio Merulo* (1860). Q. Bigi, *Di Claudio Merulo da Correggio* (1861).

Claudio Merulo (de son vrai nom **Merlotti**), né à Correggio en 1533, fut organiste à Brescia, à Venise (St-Marc), puis à la cour de Parme, où il mourut en 1604. Merulo a écrit des œuvres vocales, mais ce sont ses compositions instrumentales (*Canzoni*, *Toccate*, *Ricercari*, pour orgue) qui lui assignent une place importante dans l'histoire.

André Gabrieli (1510-1586)

Andrea Gabrieli, dit DA CANAREIO, vécut à Venise, de 1510 à 1586, et y fut successivement chantre puis organiste de l'église St-Marc. André Gabrieli est l'auteur d'un très grand nombre d'œuvres que caractérisent la richesse et la diversité des sonorités, obtenues par l'écriture à plusieurs chœurs et par la pluralité des voix (de trois à seize). *Cantiones sacræ*, messes, madrigaux, psaumes, pièces d'orgue furent publiés, déjà de son vivant, soit en éditions spéciales, soit dans les anthologies. Enfin, le maître vénitien jouissait d'une grande réputation comme pédagogue; ses élèves les plus connus furent H.-L. Hasler et son propre neveu :

K. von Winterfeld, *Johannes Gabrieli und sein Zeitalter* (1834; 2 vol. et un supplément musical).

Jean Gabrieli (1557-1613)

Giovanni Gabrieli, né à Venise en 1557, mort dans la même ville, où il fut organiste de St-Marc, le 12 août 1612 ou 1613. Plus remarquable encore que le précédent, Jean Gabrieli a mené l'école vénitienne à l'apogée de son développement et de sa gloire. Ses œuvres vocales et instrumentales (parfois l'un ou l'autre, *ad libitum*) ont jusqu'à vingt-deux voix, réparties souvent en plusieurs chœurs distincts (*chori spezzati*). Mais, à côté des compositions de ce genre où l'influence du style d'orgue (redoublements à l'octave; grande plénitude sonore) est très sensible, G. Gabrieli a écrit, de même que son oncle, des pièces instrumentales dont l'importance historique est considérable (*Canzoni da sonar; Sonate a tre*). Sa maîtrise absolue attira autour de lui de nombreux élèves, parmi lesquels nous mentionnerons seulement Henri Schütz, le grand précurseur allemand.

Enfin, c'est à l'école vénitienne qu'appartiennent encore **Baldassaro Donati** (mort en 1603) et **Giovanni Croce** (né à Chioggia vers 1560, mort à Venise en 1609), deux compositeurs de mérite qui furent également maîtres de chapelle à l'église St-Marc.

Ed. Schelle, *Die sixtinische Capelle* (1871).

La Chapelle sixtine.

Vers la même époque où Willaert s'installait à Venise, une sorte de renouveau musical se manifestait à Rome, au sein de la chapelle pontificale. Cette maîtrise, plus connue encore sous le nom de CHAPELLE SIXTINE qu'elle reçut sous le pontificat de Sixte IV (1471-1484), devenait pour la seconde fois un centre de haute culture musicale. Nous trouvons parmi ses membres quelques-uns des plus grands maîtres de l'époque : **Costanzo Festa,** l'un des premiers contrapuntistes italiens de réelle valeur (son *Te Deum* est encore exécuté de nos jours), entré dans la chapelle pontificale en 1517 et mort en 1545; **Cristobal Morales,** né à Séville, devenu chantre de la chapelle sixtine vers 1540, auteur d'un grand nombre d'œuvres ecclésiastiques; et surtout un compositeur néerlandais que nous avons déjà mentionné comme le véritable fondateur de l'ÉCOLE DE ROME :

ECOLE DE ROME (XVIme siècle)

Jacob Arcadelt, né vers 1514, arriva à Rome après 1535; il y fut nommé successivement maître de chant des enfants de chœur (1539), puis chantre de la chapelle sixtine (1540) et abbé chamberlain (1544). Enfin, après avoir exercé une grande influence sur la vie musicale romaine, soit par ses œuvres (messes, motets, canzone, madrigaux, etc.), soit par son enseignement*), il partit pour Paris où il portait, en 1557, le titre de *regius musicus.*

Précurseur immédiat de Palestrina, Arcadelt révèle déjà, par la pureté et la noblesse de son style, les caractères essentiels de l'œuvre du maître qui est non seulement le vrai représentant de l'École romaine, mais le plus grand génie de la musique religieuse catholique de tous les temps.

Baini, *Memorie storico-critiche della vita e dell'opere di G.-P. da Palestrina* (1828; deux vol.; éd. all., 1834).
Cametti, *Cenni biografici di G.-P. da Palestrina* (1895).
Cf. *G. Pierluigi da Palestrinas Werke, Gesamtausg.* 33 vol. (Breitkopf et Hærtel, Leipzig).
Cf. la monographie de Fr.-X. Haberl, dans le *Kirchenmusikalisches Jahrbuch* f. 1891.

G. Pierluigi da Palestrina (1514-1594)

Giovanni Pierluigi, dit **Palestrina,** du nom de sa ville natale (l'antique Préneste), né vers 1514, semble avoir passé — contrairement au dire de la légende — une jeunesse heureuse, au sein de sa famille. Après avoir achevé ses études, sur lesquelles nous n'avons aucun renseignement certain, le jeune musicien fut nommé, en 1544, organiste et maître de chapelle de la cathédrale de sa ville natale. Il épousait un peu plus tard Lucrezia Gori; des quatre fils issus de ce mariage, un seul, Igino, survécut à son père. Enfin, en 1551, Palestrina, dont la renommée était déjà grande, fut appelé au poste de *magister puerorum,* puis de maître de chapelle de l'église St-Pierre de Rome. Trois ans plus tard, il publiait un premier recueil de messes à quatre et à cinq voix, recueil

*) A en croire le témoignage d'Antonio Liverati (1685), un autre musicien néerlandais — GAUDIO MELL, longtemps confondu avec Goudimel (v. p. 59) — aurait ouvert à Rome, vers la même époque qu'Arcadelt, une école de musique d'où serait sorti Palestrina. Cf. M. Brenet, *Cl. Goudimel* (1898).

dédié au pape Jules III. Ce dernier, après avoir dispensé le musicien d'entrer dans les ordres (il était marié), le nomma, en 1555, chantre de la chapelle sixtine; mais, la même année encore, Paul IV — qui était monté sur le trône pontifical, occupé pendant vingt-trois jours seulement par Marcel II — congédia Palestrina, en lui octroyant une minime pension. Une maladie grave, mais de courte durée, empêcha le maître d'accepter immédiatement de nouvelles fonctions; il ne devint que le 1er octobre 1555 maître de chapelle de St-Jean de Latran. De 1561 à 1571, Palestrina remplit des fonctions analogues, mais mieux rétribuées, à Ste-Marie-Majeure. Enfin, à la mort d'Animuccia, il succéda à celui qui, seize années auparavant, l'avait remplacé comme maître de chapelle de l'église St-Pierre; ce fut son dernier poste. Palestrina mourut à Rome même, à un âge avancé et après une carrière admirablement remplie, le 2 février 1594. — On sait que, dans ses dernières sessions, en 1562 et en 1563, le concile de Trente s'était occupé de la question brûlante de la musique ecclésiastique. Après s'être proposé de bannir du culte toute musique figurée (terme employé par opposition à celui de plain-chant), on s'en tint à une résolution plus sage : deux cardinaux, Ch. Borromée et Vitelozzi, furent chargés de réunir, après le concile, une commission compétente et d'établir les bases normales d'une vraie musique d'église. Il s'agissait surtout d'exiger la compréhension nette des paroles et l'exclusion de tout élément profane. Palestrina, dont on avait déjà remarqué des *Improperie* (1560) d'une grande pureté de lignes, fut désigné pour écrire une messe chorale modèle. Le maître en donna trois, et l'une d'elles — connue plus tard sous le nom de *Messe du pape Marcel* (19 juin 1565) — fut déclarée parfaite et proposée en exemple à tous les compo-

Concile de Trente (1545-1563)

La messe du Pape Marcel (1565)

siteurs de musique d'église. Dès lors, Palestrina fut considéré comme le plus grand musicien de son temps, et ses œuvres (messes, motets, hymnes, offertoires, madrigaux, lamentations, litanies, *Magnificat*, *Stabat mater*, etc.), se succédant rapidement, passèrent toutes dans le trésor inaliénable et permanent de la musique d'église catholique. Le grand maître de l'école romaine a donné son nom à un style : *stile alla Palestrina*, que caractérisent non seulement l'écriture *a cappella*, mais encore la simplicité, la pureté, l'élévation, la noblesse. En plus de ces qualités, les œuvres de Palestrina lui-même sont empreintes d'un mysticisme religieux dans l'expression duquel il n'a jamais été surpassé, ni même atteint.

Le style « alla Palestrina ».

Parmi les autres représentants de l'école romaine, contemporains ou continuateurs de Palestrina, ou encore initiateurs de tendances nouvelles, nous citerons seulement :

Giovanni Animuccia, mort en 1570-1571, à Rome, où il était maître de chapelle de l'église St-Pierre. Prédécesseur de Palestrina, il peut être, en quelque manière aussi, considéré comme son précurseur; mais il est, d'autre part, l'auteur des premiers fragments musicaux (*Laudi*) exécutés dans les assemblées de l'oratoire de F. Neri. — Son frère, **Paolo Animuccia**, fut, lui aussi, un compositeur notable.

Giovanni-Maria Nanino (souvent nommé, à tort, NANINI), né à Tivoli vers 1545, élève de Palestrina puis, successivement, maître de chapelle de Ste-Marie-Majeure, de St-Louis-des-Français et de la Chapelle sixtine, mourut à Rome en 1607. Nanino fut un contrapuntiste de talent, en même temps qu'un des maîtres les plus recherchés de son époque. Il avait fondé une école de musique à laquelle enseignait, entre autres, son neveu, **G.-Bernardino Nanino**, et d'où sortirent un grand nombre de musiciens de valeur.

Felice Anerio, né à Rome en 1560, successeur de Palestrina en qualité de compositeur de la Chapelle pontificale, mort en 1630, — et son frère (?), **Giovanni-Francesco Anerio** (1567-1620 env.), l'auteur d'une réduction à quatre voix de la « Messe du pape Marcel ».

Cf. *T.-L. von Victorias Werke*, her. von Ph. Pedrell, 8 vol. (Breitkopf et Hærtel, Leipzig).

T.-L. de Victoria (1540-1608 env.)

Tomas Luiz de Victoria (connu sous le nom de TOMASO LUDOVICO DA VITTORIA), né à Avila, en Espagne, vers 1540, mourut en 1608 environ. Il était arrivé tout jeune à Rome, pour y faire ses études musicales, mais il n'en repartit qu'en 1589, époque à laquelle il fut nommé second maître de chapelle de la Cour, à Madrid. On a conservé de lui une quantité d'œuvres dont plusieurs égalent les compositions les plus admirables d'un Palestrina.

Les novateurs.

Enfin, **Francesco Suriano** (1549-1620), **Luca Marenzio** (1550 env.-1599), **Gregorio Allegri** (1584-1652) et **Giacomo Carissimi** (1604 env.-1674) sont parmi les novateurs de cette même école romaine, mais nous retrouverons la plupart de leurs noms dans une prochaine subdivision de nos « Notes ».

Nous voici parvenus à la fin d'une deuxième grande période de l'histoire musicale. Cependant, avant de rechercher dans cette période même les sources de l'évolution musicale ultérieure, il convient que nous notions les noms de quelques théoriciens et musicographes des XVme et XVIme siècles; leurs ouvrages tantôt résument l'état général des connaissances d'alors, tantôt établissent les bases d'un système musical logique et rationnel. Ce sont, par ordre chronologique :

THÉORICIENS ET MUSICOGRAPHES (XVme et XVIme siècles)

Johannes Tinctoris, né à Poperinghe vers 1446, mort à Nivelles en 1511; auteur du plus ancien dictionnaire de musique connu : *Terminorum musicæ diffinitorium* (imprimé vers 1475).

Franchino Gafori (GAFURIUS), né à Lodi en 1451, mort à Milan en 1522; auteur de nombreux traités : *Theoricum opus musicæ disciplinæ* (1480), *Prac-*

tica musicæ sive musicæ actiones in IV libris (1496), etc.

Cf. *Monatshefte für Musik-Geschichte*, vol. X, p. 105 (commentaire du « Micrologus », par J.-W. Lyra).

Andreas Ornithoparchus (VOGELSANG), était en 1516 *magister artium* à Tubingue et écrivit un *Musicæ activæ micrologus* qui eut de nombreuses éditions.

Cf. S. Virdung, *Musica getutscht, etc.*, réimpression en *facsimile* (1882).

Sebastian Virdung (prêtre et organiste, à Bâle) et **Martin Agricola** (1486-1556) ont fourni dans leurs ouvrages — *Musica getutscht und ausgezogen.....* et *Musica instrumentalis deudsch* — des indications précieuses pour l'histoire de la musique instrumentale.

Cf. les publications de la *Gesellsch. f. Musikforschung* (1889, XII) et les biographies de Glarean par H. Schreiber (1837) et O.-F. Fritzsche (1890).

Glarean, de son vrai nom HEINRICH LORITZ, né à Glaris en 1488, mort en 1563. Son ouvrage capital, *Dodecachordon*, a paru en 1547; il renferme une théorie très développée des douze modes ecclésiastiques.

Pietro Aron, né à Florence en 1490, mort à Venise entre 1545 et 1562; auteur de *I tre libri dell' istituzione armonica* (1516), *Il Toscanello in musica* (1523 et suiv.), etc., etc.

Sebald Heyden, né à Nuremberg en 1498, mort en 1561; auteur d'un excellent petit traité de musique proportionnelle (*Musicæ i. e. artis canendi libri duo*, 1537).

Cf. H. Riemann, *Geschichte der Musiktheorie, etc.*, p. 369 et suiv.

Gios. Zarlino (1517-1590)

Gioseffo Zarlino (voir plus haut, p. 65), l'un des esprits scientifiques les plus remarquables du XVIme siècle, dans le domaine musical, et l'un des plus grands théoriciens de tous les temps. Son ouvrage : *Istituzioni harmoniche* (1558, 1562, 1573), établit les bases d'un système harmonique rationnel, en ce sens que les harmonies majeure et mineure y sont considérées comme seules fondamentales et résultant, l'une, des rapports de longueur des cordes 1, $^1/_2$, $^1/_3$, $^1/_4$, $^1/_5$ (*divisione armonica*), l'autre, des rapports inverses 1, 2, 3, 4, 5 (*divisione aritmetica*). C'est là, nous l'avons dit, le fondement du système dualiste et, dès lors, tous les théoriciens de valeur — Salinas, Mersenne, Rameau, Tartini, Hauptmann, G. Weber,

Système harmonique dualiste.

A. von Œttingen, H. Riemann — furent les continuateurs de Zarlino. De plus, le même ouvrage renferme une théorie très développée du contrepoint simple et double, du canon, etc. Les œuvres complètes (les *Istituzioni* et quelques traités moins importants) du grand théoricien vénitien ont paru, en quatre volumes, en 1589. La Bibliothèque nationale (Paris) possède, en outre, une traduction française manuscrite des *Istituzioni*, par Jehan Lefort.

L'art harmonique prenant conscience de lui-même, la mélodie populaire infusant un sang nouveau à la musique artistique, enfin les progrès de la technique instrumentale, tels sont les éléments premiers d'une nouvelle période de l'histoire musicale, période à laquelle nous consacrerons la troisième partie de nos « Notes ».

La polyphonie

naît de

la résonance simultanée de deux mélodies distinctes,

tout d'abord sous la forme rudimentaire de *pédale*, jusqu'au moment où s'affirme la grande

Période de la polyphonie absolue

(VIIIme siècle — XVIIme siècle)

L'*organum*, le *déchant*, le *faux-bourdon*, les *imitations* et le *canon*

sont les procédés d'écriture de la polyphonie primitive, consacrés successivement par

HUCBALD (840-930 ou 932) ODON DE CLUGNY (m. en 942) GUY D'AREZZO (995-1050) JEAN DE MURIS (1325 env.), etc.

qui introduisent également, dans la pratique musicale,

la *notation proportionnelle* et la *solmisation*.

Les principaux maîtres de cette période peuvent se grouper comme suit :

a) **Ancienne école française** (1200-1350 env.)

Léonin, Pérotin, Adam de la Hale, Guillaume de Machault.

b) **Ecole gallo-belge** (1350-1500 env.)

H. de Zeelandia, G. Binchois, G. Dufay, J. de Okeghem, etc.

(Perfectionnement de l'écriture polyphonique, de la notation proportionnelle, des formes musicales [Motet, Chanson, Messe])

(Diffusion des œuvres par les procédés de la typographie musicale)

c) **Ecole néerlandaise** (1450-1600 env.)

J. de Okeghem, J. Hobrecht, J. Deprés, J. Mouton, Cl. Jannequin, H. Isaac, Cl. Goudimel

(Le Choral protestant : J. Walther, L. Senfl, Joh. Eccard, etc., etc.)

et surtout :

ORLANDUS LASSUS

(1532-1594)

ADRIEN WILLAERT

(1480 env.-1562)

Fondateur de l'*Ecole vénitienne* :

Cyprien de Rore, Zarlino, Merulo, A. et G. Gabrieli, etc.

(Double-chœur, chromatisme, madrigal)

JACOB ARCADELT

(né vers 1514)

Fondateur de l'*Ecole romaine* :

G. Pierluigi da Palestrina, Animuccia, Nanino, Anerio, Victoria, etc.

(Chapelle sixtine ; style « alla Palestrina »)

Principaux théoriciens : Joh. Tinctoris, Fr. Gafori, Glarean, G. Zarlino, etc.

Tableau synoptique N° 2

INDEX ALPHABÉTIQUE DES MATIÈRES

(contenues dans le Ier fascicule)

Index alphabétique des noms propres

(N. B. Lorsqu'un nom est cité plusieurs fois dans le cours du fascicule, le chiffre italique (1) indique la citation la plus importante).

INDEX ALPHABÉTIQUE DES NOMS DE LIEUX

ERRATA ET ADDENDA

p. 13 : remplacez la dernière phrase du dernier paragraphe (Lorsque, etc.) par celle-ci : Les Chinois n'ont jamais eu d'autre notation que la série des signes graphiques correspondant aux dénominations des sons. — Cf. A. Dechevrens, *Etude sur le système musical chinois* (« Sammelbände der Internat. Musikgesellschaft », II. Jahrg., p. 485).

p. 24 : ajoutez à la bibliographie : H. Riemann, *Die dorische Tonart als Grundskala der griechischen Notenschrift* (« Sammelbände der Internat. Musikgesellschaft », IV. Jahrg., p. 558).

p. 30 : ajoutez à la bibliographie : L.-A. Bourgault-Ducoudray, *Etudes sur la musique ecclésiastique grecque* (1877).

p. 34 : ajoutez à la bibliographie (au bas de la page) : Pierre Aubry, *Le rythme tonique dans la poésie liturgique et dans le chant des églises chrétiennes, au moyen-âge* (1903).

p. 60 : colonne de droite : Jean Walther (1496-1570).

www.ingramcontent.com/pod-product-compliance
Ingram Content Group UK Ltd.
Pitfield, Milton Keynes, MK11 3LW, UK
UKHW012242240726
13966UKWH00003B/1231

9 782013 061384